Andrea Schwarz

Die Sehnsucht ist größer

HERDER spektrum

Band 5756

Das Buch

Andrea Schwarz hat sich auf den Weg nach Santiago de Compostela gemacht. In ihrem Tagebuch berichtet sie von den Begegnungen und Erlebnissen während ihrer Wanderung auf dem Jakobsweg. Humorvolle Notizen und tiefgründige Einsichten verwandeln diesen Pilgerbericht in einen spirituellen Schatz, der Mut zur eigenen Sehnsucht macht und zum Pilgerweg des Herzens einlädt. Andrea Schwarz zeigt Erfahrungen auf, die auch im Alltag erlebbar sind. Ein Reisebericht der anderen Art: auf dem Weg zum Ich und zu Gott.

Der Autor

Andrea Schwarz, ausgebildete Industriekauffrau, ist heute in der Seelsorge und als gefragte Referentin tätig. Sie gehört zu den meistgelesenen christlichen Schriftstellerinnen.

Andrea Schwarz

Die Sehnsucht ist größer

Vom Weg nach Santiago de Compostela

Ein geistliches Pilgertagebuch

HERDER

FREIBURG · BASEL · WIEN

Dieses Buch möchte ich
all denen widmen,
die mir den Weg ermöglicht
und mich dabei begleitet haben:

Meinen Eltern, die mich lassen konnten,
Christiane, die den Mut zu dem Abenteuer hatte,
mich ab León zu begleiten,
Paul, der mich ermutigt hat,
Angelo, der mir das Buch von Jean Vanier mitgegeben hat
und den offiziellen Segen der Pfarrgemeinde,
Peter, der Post und Wohnung gemanagt hat,
der netten Frau aus Worms,
die mir die Metro-Billetts zukommen ließ,
Thomas, der das Lesen der Korrekturfahnen für das
Chaos-Buch übernommen hatte,
Manfred, der auf mein Auto ein Auge hatte
und mich so liebevoll hier wieder willkommen geheißen hat,
Peter, Klaus und Albin,
die mich in ihr Gebet mithineingenommen haben,
Doris und David,
die treue Wegbegleiter auf dem camino waren,
Martin, Neville und Gerard
und den vielen anderen Weggefährten und Weggefährtinnen.

Ohne Euch
wäre dieser Weg
für mich
so nicht möglich gewesen.

Wir gehen,
wir müssen suchen.
Aber das Letzte
und Eigentliche
kommt uns entgegen,
sucht uns,
freilich nur,
wenn wir ihm
entgegengehen.

Karl Rahner

Gebet des Jakobuspilgers

Oh Gott, der du Abraham aus seinem Land hast aufbrechen lassen und ihn sicher und heil auf seiner Wanderung bewahrt hast, gewähre uns, deinen Kindern, den gleichen Schutz.

Stärke uns in den Gefahren, erleichtere unsere Wege.

Sei uns Schatten gegen die Sonne, Mantel gegen Regen und Kälte.

Trage uns, wenn wir müde sind, und verteidige uns gegen alle Gefahr.

Sei du der Stab, der den Sturz hindert, und der Hafen, der die Schiffbrüchigen aufnimmt:

Damit wir, durch dich geführt, sicher unser Ziel erreichen und wohlbehalten in unsere Heimat zurückkehren.

Abtei Sainte-Foy, Conques

Lieber Leser, liebe Leserin,

manchmal fällt der Aufbruch ein wenig leichter, wenn man das eine oder andere Wort auf den Weg »mitbekommt«. Und so möchte ich Sie, bevor Sie sozusagen in dieses Buch »aufbrechen«, gerne noch zu einigen persönlichen Worten einladen.

Im Frühsommer 1997 war ich sechs Wochen lang auf dem alten Pilgerweg nach Santiago de Compostela unterwegs – und in diesem Buch will ich versuchen, von meinen Erfahrungen auf diesem Weg zu erzählen.

»Pilgern«, das ist ein Wort, das heutzutage ein bißchen aus der Mode gekommen ist. Aber ich glaube, es ist nur das Wort, das nicht mehr so oft benutzt wird – die Menschen pilgern wie eh und jeh, wie in allen Kulturen und Religionen und zu allen Zeiten. Menschen brechen auf, machen sich auf die Suche nach dem, was Spuren von Sinn erkennen läßt, ein Ziel für das eigene Leben erahnen läßt, das erklären kann, warum das Leben so und nicht anders ist. Je nachdem, wo man das Ziel und den Sinn vermutet, mag der Weg sehr unterschiedliche Formen annehmen. Für die einen ist es der Urlaub im Süden, in den nach sinnentleerten Arbeitswochen alles an Sinn-Möglichkeiten hineinprojiziert wird, für andere ist es die Beziehung, Ehe oder Familie, die zum absoluten Lebenssinn erhoben werden, andere setzen aufs Aussteigen und den alternativen Bauernhof, manche sogar auf Rausch und Drogen und wieder andere mögen sogar einen Sinn im Leiden entdecken, weil sie sich selbst erst im Schmerz spüren. Pilgern heißt eigentlich, sich auf die Suche nach dem Sinn im eigenen Leben zu machen.

Das bedeutet auch, daß manche Lebenszeiten und Lebensphasen den Menschen eher zu einem solchen Aufbruch einladen als andere. Als Jugendlicher stellt man sich die Frage nach dem Sinn des Lebens, in der Zeit der Lebensmitte werden bisher tragende Antworten plötzlich wieder fragwürdig, Lebenskrisen erschüttern und zwingen zum Aufbruch, bestehende Ordnungen werden genommen, und man steht plötzlich vor einer Leere, die neu gefüllt sein will. Und dann macht man sich, manchmal mit Lust, manchmal aber auch eher notgedrungen, wieder einmal auf den Weg – oder setzt möglicherweise auch viel Energie ein, um den Aufbruch zu verhindern, alles so zu lassen, wie es schon immer war, alle Veränderungen zu vermeiden.

Pilgern hat etwas mit unterwegssein, mit suchen und fragen zu tun – und wenig mit angekommen sein, mit Antworten und schon gefunden haben.

Und das ist für die meisten Menschen immer noch aktuell – auch wenn es immer wieder manche geben mag, die schon fertig sind mit sich und der Welt, für die alles klar und eindeutig ist. Aber es mag sein, daß auch sie in Lebenssituationen kommen werden, in denen sie gezwungen werden, sich diesen Fragen zu stellen.

Aus meiner Sicht hat eine solche Suche immer etwas mit Gott zu tun, mag man es so sagen oder nicht, mag man Gott beim Namen nennen oder irgendeine Chiffre dafür wählen. Der, der sucht, fragt über seinen jetzigen Lebenshorizont hinaus, er will mehr, ihn treibt eine Sehnsucht auf etwas, was noch nicht ist – auch wenn er ihr keinen Namen geben kann.

Diese Sehnsucht hat dazu geführt, daß immer wieder »Pilgerwege« entstanden sind und entstehen. Es gibt neuzeitliche Varianten, wie z. B. den in die Türkei, in die Karibik oder auch nach Hamburg mit dem Besuch der entsprechenden Musicals –

Orte, wo man einfach gewesen sein muß, wenn man mitreden will, Orte, von denen man sich irgendwas erhofft.

Aber es gibt auch Wege der Sehnsucht, die schon seit langem von Menschen gegangen werden, und die durch unzählig viele Schritte von Pilgern geprägt wurden. Da gab es einen Ort, ein Ziel, ein Name, dem ein besonderer Ruf vorauseilte, der die Hoffnung weckte, der Sehnsucht Raum gab. Und Menschen sind diesem Ruf gefolgt, indem sie aufbrachen, Vertrautes aufgaben, sich auf Neues einließen. Sie haben sich auf den Weg zu einem Ziel gemacht, sind diese Wege gegangen – und haben sie gerade dadurch erst zu Wegen gemacht.

Ein Weg wird zum Weg, wenn ihn Menschen gehen. Ein unbegangener Weg verwuchert, wächst zu, gerät in Vergessenheit. Ein Weg wird, wenn viele Menschen häufig von einem Ort zu einem anderen gehen. Ein einzelner, der »herumvagabundiert«, mag Fußstapfen hinterlassen, aber keinen Weg.

Und zugleich: Jeder Weg hat ein Ziel – jeder Weg führt irgendwo hin. Ich mißtraue zunehmend der Aussage: Der Weg ist das Ziel. Der Weg mag wichtig sein – aber es ist eben nicht egal, wohin ich gehe, woraufhin ich meine Schritte ausrichte. Das Ziel ist nicht das Unterwegs-Sein an sich. Das Unterwegs-Sein ist notwendig, um das Ziel zu erreichen. Das Unterwegs-Sein darf aber nicht wichtiger als das Ziel werden.

Es gibt Wege, die Jahrhunderte, wenn nicht Jahrtausende alt sind – und wenn sie sich nicht irgendwie »bewährt« hätten, gäbe es sie nicht mehr. Es scheint Orte und Wege zu geben, die alle Zeitströmungen überdauern – und gerade dadurch zeigen, daß es eben nicht egal ist, wohin man geht, wo man sich aufhält. Es gibt Orte und Wege, die in sich eine Kraft bergen, die sich unserem heutigen verstandesmäßigen Denken entzieht. So mag es auch nicht von ungefähr kommen, daß sich viele christliche Kirchen und Klöster genau dort angesiedelt haben, wo schon vorchristliche Kulturen solche Kräfte erspürt und verehrt haben.

Santiago de Compostela ist solch ein Ort – und »el camino«, wie der Weg dorthin liebevoll genannt wird, ist solch ein Weg.

Santiago – im Nordwesten Spaniens gelegen, legendäre Grabstätte des Apostels Jakobus, seit Jahrhunderten Ziel von Menschen, die sich auf den Weg gemacht haben, um dort Antworten auf ihre Fragen zu finden, Vergebung für ihre Sünden, Hoffnung für ihre Zukunft. Und es wurde ein Pilgerweg aus den Schritten, die Menschen auf dieses Ziel hin gemacht haben.

Immer noch und wieder neu sind Menschen nach Santiago unterwegs – und verbinden eine Sehnsucht, einen Traum damit. Damit bleibt der »camino« ein lebendiger Weg, er ist und wird, weil er ein Weg der Sehnsucht nach Leben ist. Und damit kommt Gott ins Spiel, möge die Sehnsucht auch die noch so seltsamsten Namen haben.

Ich bin diesen Weg gegangen zu einem Zeitpunkt meines Lebens, an dem ein »Übergang« angesagt war. Ich hatte mich neu für meinen Glauben, für diese Kirche, für Gott entschieden. Ich wollte mir diese Auszeit gönnen, um dieser neuen Ausrichtung meines Lebens Raum zu geben. Ich wollte »danke« sagen für all das, was mir der Gott, an den ich glaube, in den letzten Jahren geschenkt hat.

Aber es kam anders, als ich gedacht hatte. Was dieser Weg nach Santiago bei mir ausgelöst hat, bewirkt hat, hat mich selbst am meisten überrascht. Und ich bin auch jetzt, wenn ich dies schreibe, noch überhaupt nicht »fertig« damit. Der camino, das war ein unendlich großes Geschenk – und ein Geschenk Gottes. Da bin ich mir sicher.

Damit ist auch dieses Buch weniger ein minutiöser Reisebericht als vielmehr ein spirituelles Tagebuch. Es will nicht die unzähligen Reiseführer über den camino mit einem weiteren Buch ergänzen, sondern es will dazu einladen, sich selbst auf den Pilgerweg des je eigenen Lebens zu machen. Dazu muß man nicht leibhaftig nach Santiago gehen. Es geht um eine Haltung und Einstellung zum Leben. Es geht um den Pilgerweg im eigenen Herzen. Was ich in Astorga erlebt habe, kann Ihnen in Freising passieren.

Dazu will dieses Buch einladen. Ich kann Ihnen nicht versprechen, daß dieses Buch nichts mit Ihnen macht – wenn Sie es lesen. Aber ich wollte es Ihnen wenigstens vorher gesagt haben.

Ostersonntag 1998

ANDREA SCHWARZ

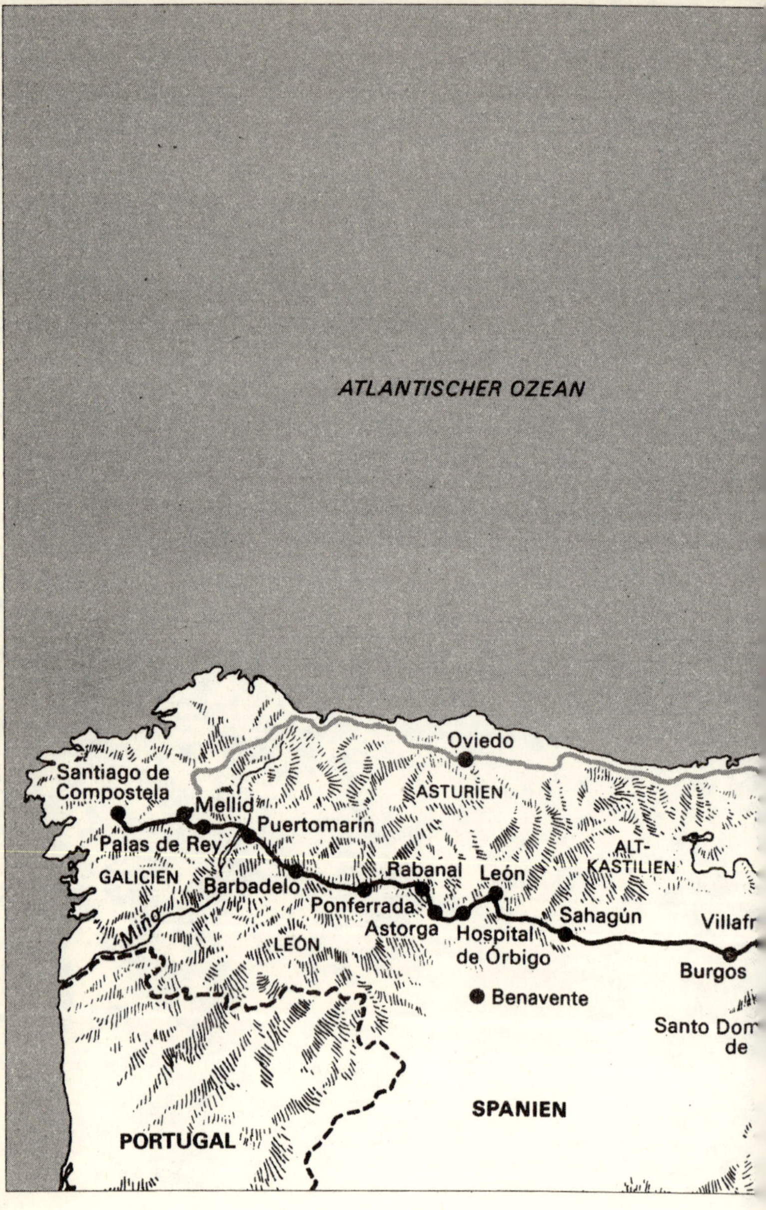
ATLANTISCHER OZEAN
Oviedo
Santiago de Compostela
Mellid
ASTURIEN
Puertomarín
Palas de Rey
ALT-KASTILIEN
GALICIEN
Rabanal
León
Barbadelo
Ponferrada
Sahagún
Villafr
Miño
Astorga
Hospital de Órbigo
LEÓN
Burgos
Benavente
Santo Dom
de
SPANIEN
PORTUGAL

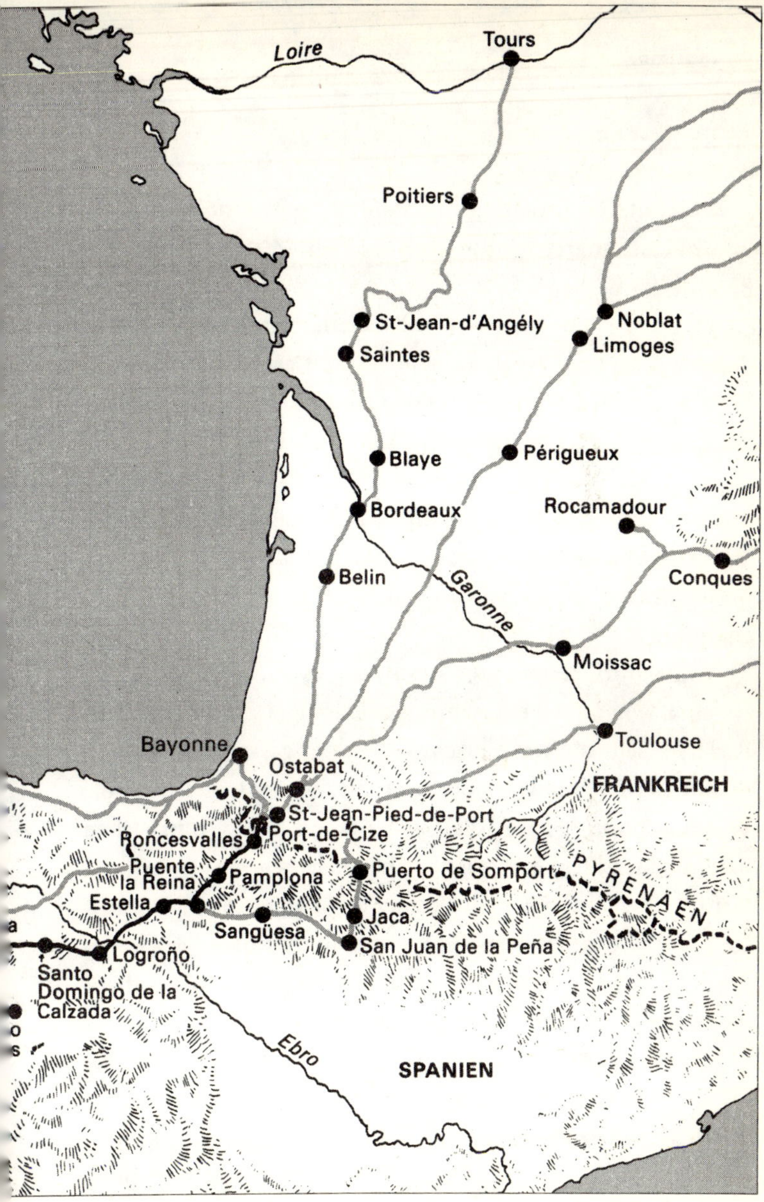
Tours
Loire
Poitiers
St-Jean-d'Angély
Saintes
Noblat
Limoges
Blaye
Périgueux
Bordeaux
Rocamadour
Belin
Conques
Garonne
Moissac
Toulouse
Bayonne
Ostabat
FRANKREICH
St-Jean-Pied-de-Port
Port-de-Cize
Roncesvalles
Puente la Reina
Pamplona
Puerto de Somport
PYRENÄEN
Estella
Sangüesa
Jaca
San Juan de la Peña
Logroño
Santo Domingo de la Calzada
Ebro
SPANIEN

Samstag, 24.5.

Bayonne, 6.15 Uhr

Ja, da sitz ich also nun in der Bahnhofsgaststätte in Bayonne in Südwestfrankreich und warte auf den Zug nach St.-Jean-Pied-de-Port.

Eigentlich hatte ich schon selbst nicht mehr daran geglaubt, daß ich doch noch wegkommen würde: Das neue Buch wollte nicht fertig werden, da gab es noch einige Kurse und Seminare, die ich zu leiten hatte, Aufräumaktionen in der Wohnung – und all die Dinge, die es zu organisieren gilt, wenn man fast sieben Wochen fort ist. Die Zu-erledigen-Liste nahm in den letzten Tagen überhaupt kein Ende, … – andere nehmen auf dem Weg nach Santiago ab, ich habe in den Tagen davor schon 2 kg abgenommen.

Und natürlich ist der Rucksack zu schwer… – als ich ihn das erstemal wog, waren es erschreckende 15 kg. Und dabei war die Packliste seit langem bedacht, ich hatte gestrichen, was ich meinte, streichen zu können. Gut, im Moment sind noch die Wanderschuhe drin und das Buch, das mir Angelo mitgegeben hat, war auch nicht eingeplant – aber da hatte ich irgendwie das Gefühl, es sei wichtig. Ich habe daheim dann noch mal viel aussortiert – und außer dem Teelöffel, der in irgendwelchen Tiefen des Rucksacks liegt, fällt mir im Augenblick auch nichts mehr ein, was ich noch hätte zuhause lassen können.

Die Aussicht, heute abend in irgendeiner Art von Schlafsaal in einem Refugio zu übernachten und morgen früh dann die Pyrenäen anzugehen, scheint mir im Moment wenig verlockend. Vorhin habe ich schon mit dem Gedanken gespielt, den Ratschlag von Paul zu befolgen und hier erstmal einen Ausruh- und Schreibtag einzulegen, bevor es weitergeht. Schließlich war das Chaos groß genug, aus dem ich gestern erst raus bin. Vielleicht wäre es gut, die »Voreindrücke« zu sichten und festzuhalten, damit Raum für Neues wird.

Immerhin, der Kaffee und das Croissant in der Bahnhofsgaststätte haben gut getan – und die Müdigkeit wird mich heute wohl schon noch begleiten …

Bilder und Eindrücke der vergangenen Stunden huschen blitzlichtartig durch den Kopf: Die zahlreichen jungen französischen Soldaten, die in Saarbrücken zugestiegen sind, Heimfahrt zum Wochenendurlaub, und die Magazine mit »Pin-up-girls« kreisen ließen, während ich bei Jean Vanier etwas über die Sehnsucht der Menschen lese, in ihrem Person-Sein geliebt zu werden; die seltsame Atmosphäre gestern am späten Abend in der Pariser Metro, die Begegnung mit den drei jungen Männern aus Naumburg und Halle, die in den camino ab Pamplona einsteigen wollen und zwölf Tage Zeit haben, der eine hat irgendwann mal das Büchlein »Auf dem Wege« von Anselm Grün in der Hand und erzählt, daß sie daraus jeden Morgen einen Impuls gestalten wollen; der englische Fotograf mit seiner kleinen Gruppe von Assistenten und Fotomodellen, die nach Biarritz wollen, und der mich darum bittet, mit einem aus der Gruppe den Liegeplatz zu tauschen, damit sie in einem Abteil zusammen sein können. Dafür bekomme ich später einen Pappbecher Rotwein angeboten, und so stehe ich am Fenster des Liegewagens, fahre irgendwo in der Nacht durch Frankreich, trinke Rotwein; kann es irgendwie nicht glauben, daß ich wirklich auf dem Weg nach Santiago bin, denke an daheim – wird dort alles klar gehen, hab ich irgendwas vergessen zu regeln, …

Bilder, Szenen einer Nacht …

St.-Jean-Pied-de-Port, 12.40 Uhr

Die Fahrt hierher war schön, St.-Jean ist ein hübsches, kleines Städtchen – und die Begegnung mit Mme. Delbrel ist schon eine ganz eigene. Aber der Reihe nach …

Nach meinem Frühstück in der Bahnhofsgaststätte bin ich Richtung Stadtmitte gelaufen – und dann fiel mir ein, ich könnte ja schauen, ob die Kathedrale schon geöffnet hat und dort eventuell die Laudes beten. Und, oh Wunder, die Tür war schon offen. Ich nahm den Rucksack ab, setzte mich in eine Bank, schaute mich um, die Morgensonne fiel durch die Fenster hinein, ich fühlte mich plötzlich zuhause und geborgen. In der Laudes gab es einen schönen Text: *Deine Weisheit sei bei mir und teile mit mir alle Mühe. (Weish 9,10b)*

Bayonne selbst erweist sich zu dieser frühen Morgenstunde als nicht so hübsch, als daß es mich dort gehalten hätte – aber wer weiß, vielleicht ist die Spannung in mir auch nur zu hoch, endlich auf den Weg zu kommen. Lange genug habe ich ja daraufhin gelebt.

So sitze ich um 10.00 Uhr im Zug, der sich beschaulich ein schönes Tal hinaufarbeitet, das erste Lust zum Wandern macht. In St.-Jean bin ich erstmal ein wenig ratlos und unschlüssig – heute ist Samstag, wenn ich morgen wirklich in die Pyrenäen will, muß ich irgendwas zum Essen und zum Trinken einkaufen – wie lange haben denn die Geschäfte hier offen? –, und ich brauche den Pilgerausweis und ein Bett für die Nacht.

Die Lebensmittel scheinen mir im Moment das Vorrangigste zu sein – und so halte ich beim ersten Geschäft und kaufe ein: Wasser, Äpfel, Brot, Wurst, Schokolade. Dann gönne ich mir einen Kaffee – und komme mit zwei deutschen Fahrradpilgern ins Gespräch, die ich schon in Bayonne am Bahnhof gesehen habe. Mit dem Fahrrad wollen sie den camino in vierzehn Tagen machen – und heute nachmittag noch über die Pyrenäen. Ich ahne dunkel – es könnte Unterschiede machen, ob man mit dem Fahrrad oder zu Fuß unterwegs ist.

Nach dem Kaffee suche ich Mme. Delbrel, die hier das Pilgerbüro leitet – und eigentlich wäre es mir auch ganz lieb, wenn ich jetzt wüßte, wo ich heute nacht schlafen werde. Vor dem Haus in der Straße treffe ich die beiden Deutschen wieder – ich klingle, und versuche, mich in meinem schlechten Französisch irgendwie verständlich zu machen. Es scheint nicht besonders erfolgreich zu sein – Mme. Delbrel beklagt sich lang bei den beiden anderen Deutschen, daß doch immer Leute kämen, die einen Pilgerausweis wollten – und keinen Begleitbrief dabei hätten. Als ich kapiere, worum es geht, protestiere ich lautstark – schließlich habe ich ein Empfehlungsschreiben von meinem Pfarrer. Mme. Delbrel wird plötzlich sehr freundlich, bittet mich in ihr Wohnzimmer hinein, entschuldigt sich für ihr Chaos, das sei halt so, wenn man das Büro im Wohnzimmer habe. Und es sieht dort wirklich sehr interessant aus. Schließlich füllt sie den Pilgerausweis aus, strahlt, als ich angebe, aus religiösen Gründen zu pilgern. Dafür will sie mich dann aber nicht mehr ins Refugio lassen – da wären Menschen, die rauchen und trinken, das wäre nichts für einen wahren Pilger. Ich brauche viel Überzeugungskraft, um sie umzustimmen – schließlich sei ich ja allein unterwegs, und da wäre es wenigstens am Abend für mich wichtig, mit anderen Pilgern ins Gespräch zu kommen. Schließlich nickt sie gnädig ihr »Ja«, nimmt meinen Geldschein entgegen und läßt mich ziehen, um selbst einkaufen zu gehen.

Ich gehe die wenigen Meter zum Refugio hinauf, öffne vorsichtig die Tür – und finde alles so, wie es Mme. Delbrel gesagt hat: Der Schlüssel liegt auf dem angegebenen Platz und mit ihm läßt sich ein kleiner Raum aufschließen, in dem drei Stockbetten stehen. Es wirkt irgendwie klein, aber noch bin ich unsicher und zugleich voll Ehrfurcht vor dem Weg, es wird schon stimmen und passen. Und schlimmer als die Nacht im Liegewagen kann es ja wohl kaum werden.

Ich lege meinen Rucksack auf eines der unteren Betten – und atme einmal tief durch. Jetzt kann's losgehen …

Gemütlich schlendere ich durch St.-Jean, trinke dort einen Kaffee, fotografiere da eine Katze, die ausgesprochen fotogen in einem Fenster sitzt, schaue mir die Auslagen in den Schaufenstern an – und freue mich grad daran, daß ich überhaupt nichts kaufen kann. Und es gibt schöne Sachen, bei denen ich sonst schnell schwach werde – Getöpfertes und Gewebtes. Ich ahne darum, daß Unterwegssein auch frei machen kann – sechs Wochen lang werde ich nur das mein eigen nennen können, was ich selbst auf dem Rücken tragen kann – und das wenige ist schon schwer genug. So kann ich die schöne Tonschale und die naturfarbene Wollweste diesmal gut lassen.

Von der Zitadelle habe ich einen Blick weit ins Land hinein. Irgendwie habe ich die Orientierung verloren und schaue gedankenverloren auf die Berge, die St.-Jean umgeben – über welche werde ich wohl morgen gehen?

St.-Jean, 15.00 Uhr

Das Wetter macht mir Sorgen, es zieht zu, sieht nach Gewitter aus – vielleicht treibt der Wind die Wolken ja auch wieder weg …

Während der langen Zugfahrt ist mir aufgefallen, daß ich mich im Moment noch gar nicht so richtig freuen kann. In mir ist viel Dankbarkeit, daß der Gesundheitszustand meiner Eltern es möglich macht, daß ich den Weg gehen kann, da ist Lust und Reiz und Herausforderung und Angst, da ist irgendwie Überraschung, Staunen und Gewißheit. Es ist eher so ein stilles Glücksgefühl.

Das Buch von Jean Vanier ist ganz schön. Es erinnert mich an manchen Stellen sehr an meine adventlichen Gedanken vom letzten Jahr zum Zusammenhang zwischen liebend sein und werden und der Heimatlosigkeit. Wer loslassen kann, wird frei für die Liebe – wer liebt, macht sich neu auf den Weg und bricht auf.

Jean Vanier schreibt: *So viele von uns laufen vor den Menschen weg, die vor Schmerz aufschreien, die zerbrochen sind. Wir verstecken uns in einer Welt, die uns Ablenkung und Vergnügen verschafft, oder wir verschanzen uns hinter Dingen, die es noch zu erledigen gilt. Wir können uns sogar hinter verschiedenen Gebetskreisen und geistlichen Übungen verbergen, ohne auch nur zu ahnen, daß im Armen, im Schwachen, im Einsamen und im Unterdrückten ein Licht leuchtet.*

Höre ich diese Schreie immer noch? Die Schreie der Menschen, die mir nahestehen, die Schreie der Menschen, die weiter weg sind? Und – höre ich meinen eigenen Schrei noch? Oder decke ich mein Schreien mit dem Schreien der anderen zu? Hört Gott mein Schreien noch, wenn ich es selbst vielleicht schon nicht mehr höre?

St.-Jean, 19.00 Uhr

In der Vesper vorhin habe ich den Psalm 130 gebetet:

Aus der Tiefe rufe ich, Herr, zu dir: Herr, höre meine Stimme! Wende dein Ohr mir zu, achte auf mein lautes Flehen! Würdest du, Herr, unsere Sünden beachten, Herr, wer könnte bestehen? Doch bei dir ist Vergebung, damit man in Ehrfurcht dir dient. Ich hoffe auf den Herrn, es hofft meine Seele, ich warte voll Vertrauen auf sein Wort. Meine Seele wartet auf den Herrn mehr als die Wächter auf den Morgen. Mehr als die Wächter auf den Morgen soll Israel harren auf den Herrn.

Kann ich überhaupt noch schreien? Warte ich noch? Kann ich noch hoffen? Glaube ich ihm?

Als ich in der kleinen Bibel die Schriftstellen für den Sonntagsgottesdienst nachlese, finde ich zwar noch keine Antwort, aber immerhin eine erste Zusage:

Denn alle, die sich vom Geist Gottes leiten lassen, sind Söhne (und Töchter) Gottes. Denn ihr habt nicht einen Geist empfangen, der euch zu Sklaven macht, so daß ihr euch immer noch fürchten müßtet, sondern ihr habt den Geist empfangen, der euch zu Söhnen (und Töchtern) macht, den Geist, in dem wir rufen: Abba, Vater! So bezeugt der Geist selber unserem Geist, daß wir Kinder Gottes sind. Sind wir aber Kinder, dann auch Erben; wir sind Erben Gottes und sind Miterben Christi, wenn wir mit ihm leiden, um auch mit ihm verherrlicht zu werden. (Röm 8,14-17)

Und im Evangelium die Aussendung der Jünger und die Zusage: *»Seid gewiß, ich bin bei euch alle Tage bis zum Ende der Welt« (Mt 28,16-20).* Und ich bin auf dem Weg zum »Ende der Welt«, zum Finis terrae, wie der Ort genannt wird, der in der Verlängerung des caminos am Atlantik liegt. Welch eine Zusage für diesen Tag des Aufbruchs!

Mitten in all meinem Chaos, meinem Versagen, meiner Zerbrochenheit darf ich vertrauen, daß Gott mitgeht, daß seine Zusage gilt, daß seine Zusage mir gilt. Mitten in all meinem Fragen fühle ich mich ein bißchen getröstet.

Ich kann nicht auf alle Schreie der Menschen eine Antwort geben – und das ist schon wieder Teil meiner Gebrochenheit. Ich würde gerne helfen – und kann es oft doch nicht, weil ich an die Grenzen meiner Möglichkeiten, an Grenzen von Kraft und Zeit komme. Und oft genug leide ich unter meinen eigenen Grenzen. Aber genau diese Gebrochenheit, diese Grenzen, kann und darf ich Gott übergeben. Er ist so abgrundtief solidarisch mit unserer

Gebrochenheit, daß er seinem Sohn diese Erfahrung nicht erspart. Er selbst muß sich brechen lassen, erweist seine abgrundtiefe Solidarität mit all denen, die im Dunkeln sind.

Ich fühl mich noch unsicher in dieser für mich unbekannten Umgebung, habe mich ins Französische noch nicht wieder genug eingehört, bin auch ein bißchen müde von all den Anstrengungen und Aufregungen der letzten Tage und Stunden. So gehe ich zum Abendessen in eine kleine Pizzeria und bestelle dort »Spaghetti carbonara«. Des Fremden und Neuen ist mir grad genug, ich will jetzt nicht auch noch beim Essen Experimente machen. Aber es bleibt mir nicht erspart – die Nudeln kommen, gekrönt von einer halben Eierschale mit einem Eidotter darin. Anscheinend gibt man hier das Eidotter selbst über die Nudeln. Für einen kurzen Moment kommen mir alle Zeitungsmeldungen über Salmonellen in den Kopf – aber dann denk ich mir: Die Leute hier leben ja auch. Und ich werde nicht die erste sein, die Spaghetti auf diese Art und Weise serviert bekommt.

So kippe ich das Eidotter auf die Nudeln – es schmeckt sogar.

Sonntag, 25.5.

St.-Jean-Pied-de-Port, 0.20 Uhr

Wie schrieb ich noch vor einigen Stunden: Schlimmer als im Liegewagen kann's nicht werden ...

Das ist jetzt schon die zweite Nacht, in der ich nicht zum Schlafen komme. Der Raum ist zwar dreimal so groß wie das Liegewagenabteil, und wir sind auch nur zu fünft – aber bei denen sind zwei exzellente Schnarcher dabei. Jack, ein Kalifornier, und ich haben es vorhin nach den ersten Einschlafversuchen aufgegeben – und haben eine halbe Stunde hier draußen in der kühlen Nacht gesessen und uns leise unterhalten. Aber eigentlich wollten wir ja auch schlafen, und so entschieden wir uns schließlich, doch wieder hinein zu gehen. Mit einem Faustschlag gegen das Bettgestell haben wir Tom ruhig gekriegt – und Jack scheint die Minuten der Ruhe zum Einschlafen genutzt zu haben. Ich war leider weniger schnell. Tom blieb zwar vorerst ruhig, dafür setzte jetzt Helmut lautstark ein. Es ist Ewigkeiten her, daß ich mit Menschen in einem Raum zusammen geschlafen habe – und ich habe gar nicht mehr gewußt, wie laut das sein kann. Für zehn Minuten höre ich fast ein bißchen fasziniert einem rhythmischen Schnarchduett von Tom und Helmut zu – daß es so was wirklich gibt? – der eine schnarcht-ruft, der andere schnarcht-antwortet. Von links unten kommt aus dem Dunkel das »uuuhhhh«, von rechts hinten, nach einer höflichen Sekunde des Innehaltens, das antwortende »aaahhh«. Im Moment hat Helmut das Schnarchen mal wieder allein übernommen. Die letzte Stunde habe ich wachgelegen, habe darüber gestaunt, welche Töne ein Mensch von sich geben kann, habe überlegt, daß für solche Nächte im Refugio vielleicht doch ein Rosenkranz ganz praktisch wäre – und ob möglicherweise der Ohropax-Verbrauch entlang des caminos überdurchschnittlich hoch sein mag. Bei aller Müdigkeit trage ich es mit Fassung – als wir vorhin miteinander sprachen, waren es ganz nette Menschen, ich kann ihnen irgendwie nicht böse sein.

So sitze ich jetzt draußen auf einer Bank vor dem Refugio und schreibe im Licht der Straßenlampe Tagebuch, lautlos umsegelt von Fledermäusen. Und da ich das Schnarchen bis hier draußen hin höre, bekomme ich vielleicht die nächste

Pause so rechtzeitig mit, daß ich es in mein Bett, den Schlafsack und vielleicht auch in den Schlaf schaffe.

Mich berührt noch tief der Gottesdienst am heutigen Abend. Als ich um fünf vor neun in die Kirche kam, saßen gerade zehn Frauen da, und ich dachte noch: Naja ...

Mit dem Glockenschlag kam noch eine Gruppe Männer in die Kirche – und bis zum Evangelium waren es etwa 60 Menschen. Als der Gottesdienst begann, horchte ich plötzlich auf: Das war doch kein Französisch?! Es dauerte ein wenig, bis mir klar wurde, welches Geschenk ich hier bekam: Ein Gottesdienst in baskischer Sprache! Und die Lieder, ebenfalls baskisch, mit alten Melodien, die mich eher an irische Folk-Songs erinnerten denn an »Ein Haus voll Glorie schauet...« – und die Gemeinde sang mit einer Inbrunst diese Lieder mehrstimmig, als wären wir bei einem Festgottesdienst mit vollzählig anwesendem Kirchenchor. Und es wurden viele Lieder gesungen ... es war für mich eine sehr dichte und intensive Stunde in dieser Kirche in St.-Jean, das ging unter die Haut, hat mich sehr berührt. Und das als Geschenk für den Aufbruch!

Roncesvalles, 22.00 Uhr

Eine Stunde Schlaf war mir gegönnt. Um fünf Uhr morgens hat es mir gereicht, dann bin ich aufgestanden, habe draußen vor dem Jakobustor auf einer Bank die Laudes gebetet, habe mit Helmut noch einige Worte gewechselt – und bin losgegangen. Dort hielt mich nichts mehr.

Meine Güte, war dieser Tag schön! Diese herbe Landschaft der Pyrenäen, das Unterwegs-Sein, die Einsamkeit, die Weite, die Tiere – es war nur beeindruckend. Es ist seltsam, ich bin erst zwei Tage von zu Hause weg, aber was ich bisher schon alles erlebt habe, ist so dicht und viel, daß ich es wirklich aufschreiben muß, um es nicht zu vergessen. Und doch fehlen mir die Worte, um das zu beschreiben, was ich da heute gespürt und gefühlt habe. So muß ich Zuflucht nehmen zu dem, was im Moment benennbar ist – und weiß zugleich darum, wie unzureichend das für diesen Tag ist …

Insgesamt drei Stunden Schlaf in zwei Nächten, das Chaos der letzten Tage daheim – das alles ist nicht grad die beste Voraussetzung für eine Pyrenäenüberquerung. Ich habe lange überlegt – aber dann habe ich mich doch für die Napoleon-Route entschlosssen, die über die Berge führt, und gegen die Valcarlos-Strecke, die das Tal hinaufgeht. Die Führer haben sie als landschaftlich schöner und interessanter beschrieben – und das war sie auch, schön und interessant! Und doch – ich hab nicht gewußt, auf was ich mich da gleich am ersten Tag einlasse. 25 km, 1.300 m Aufstieg und 600 m Abstieg lesen sich im Führer anders, als es mir im konkreten Wandern damit »ergeht«.

Nach sechs Kilometern mit teilweise steilem Anstieg, wenn auch auf Asphaltstraßen, spüre ich meine Grenzen. Ich habe keine Kraft mehr, fühle mich unsicher, das Wetter wird schlechter, zum Wind kommt Regen dazu – wie mag das wohl erst in der Einsamkeit auf 1400 Meter Höhe aussehen? Meine blühende und wuchernde Phantasie, die ich für manches Buch, manche Geschichte, herzlich willkommen heiße, geht an diesem Morgen in den Pyrenäen mal wieder mit mir durch. Ich male mir aus, was mich noch alles erwarten mag auf den restlichen 19 km, und mir fällt ausgesprochen viel ein! Meine Müdigkeit meldet sich zu Wort, meine Unsicherheit, irgendwann auch mal mein Verantwortungsbewußtsein: Wäre es nicht sinnvoller, die sechs Kilometer nach St.-Jean zurückzulaufen, sich eine Nacht im Hotel einzuquartieren, auszuschlafen – und morgen mit frischen Kräften auf der anderen Route Roncesvalles anzugehen?

In diesem Moment verwünsche ich das Allein-Sein, muß schon wieder ganz allein ich entscheiden, was sinnvoll ist? Es nieselt stärker. Ich klappe die Kapuze hoch, vorhin schon kam mir das Jungvieh entgegen, das aus den Bergen in die geschützteren Zonen zog – kein gutes Zeichen. Heimatland …

Ich bin stehengeblieben und schaue zurück. Auf der Straße sehe ich plötzlich zwei Menschen mit Rucksack, in Regenponchos eingehüllt, die langsam, aber beharrlich die Straße heraufstapfen. Ich bin mir fast sicher, daß es der andere Deutsche und Tom sind, die erst nach mir aus dem Refugio aufgebrochen sind und warte auf sie. Als die beiden näherkommen, stelle ich enttäuscht fest, daß ich sie nicht kenne. Sie halten kurz an, erweisen sich als Iren, ein unverbindliches Hallo, ein kurzes Gespräch, dann ziehen sie weiter. Ich bleibe immer noch ratlos stehen – zurück oder weiter? Aber diese kurze Begegnung gibt mir ein bißchen Kraft, genug, um die nächsten hundert Meter anzugehen, zu wenig, um zu einer Entscheidung zu kommen – und als ich um eine Kurve biege, sehe ich die beiden unter einem Baum, der ein bißchen Schutz vor dem Regen bietet, rasten. Damit nehmen sie mir im Moment mal die grundsätzliche Entscheidung ab. Ich setze den Rucksack ab, hock mich dazu, sie bieten mir Schokolade an, wir kommen ins Gespräch.

Ich schimpfe ein bißchen über das schlechte Wetter – aber der eine antwortet nur ganz lapidar: »Now, it isn't too bad today, isn't it?« – und in dem Moment kommen viele Erinnerungen an Irland in mir hoch, ich muß schmunzeln und frage mich, wie wohl ein Wetter beschaffen sein muß, daß ein Ire sagt: Ja, es ist wirklich schlecht! Ich erzähle von meinen Schwierigkeiten – aber sie können mir auch nicht raten. Schließlich ziehen die beiden weiter – und wieder allein, überlege ich nochmal neu. Durch die Begegnung mit den beiden Iren ist anscheinend etwas in mir in Bewegung gekommen, das es möglich macht, jetzt zu Entscheidungen zu kommen – und nicht einfach nur Meter für Meter in all meiner Kraftlosigkeit weiterzutappen. Nein, es hat keinen Sinn – in dem körperlichen Zustand werde ich die Pyrenäen nicht packen. Hier ist meine Grenze erreicht. Und ich will nicht den ganzen camino damit aufs Spiel setzen, daß ich jetzt was erzwinge, was im Moment nicht geht. Ich kann die Grenze akzeptieren – ich weiß schließlich, was dieser Situation alles vorausgegangen ist. Es tut weh, sich gleich schon am Beginn des Weges eingestehen zu müssen, daß es eine Nummer zu groß angelegt ist, was ich mir da vorgenommen habe. Aber ich muß mich der Realität stellen – und zurückgehen.

Ich habe lange gebraucht für diese Entscheidung, ich mußte mich damit erst versöhnen. Aber dann war es klar – ich gehe zurück nach St.-Jean, schlafe eine Nacht gescheit – und probiere es im zweiten Anlauf.

Ich nehme den Rucksack auf die Schultern – und da kommt mir plötzlich eine alte Lebensweisheit meines Vaters in den Sinn, der zu uns Kindern bei sonntäglichen Spaziergängen oft gesagt hat: Kommt, wir gucken noch da um die Kurve – und dann kehren wir um. Also gut, man kann mich ja durchaus überzeugen. Es sind ca. 80 Meter – und ich gehe sie lustlos, müde.

Als ich um die Kehre biege, bietet sich mir ein unbeschreibliches Panorama: Bergketten, in den unterschiedlichsten Grüntönen, in den feinsten Abstufungen, Himmel und Weite und Wolken, eine Schafherde am Horizont, am Wegrand blühende Erika – und ein Asphaltweg, der sich ganz sanft den Bergrücken entlang schmiegt. Und wie von einer unsichtbaren Kraft gezogen gehe ich weiter, gebe mich in diese Weite hinein, spüre den Wind, schaue und bin, habe den Weg unter den Füßen, verstumme …

Ja, es wird still in mir, ich staune voll Ehrfurcht, bin berührt von der Schönheit, traumverloren geht sich Schritt für Schritt ...

Stundenlang zieht es mich durch diese Berge, immer neue Ausblicke, dort grasen Schafe, auf dem Bergkamm Pferde, im Graben das Skelett eines Fohlens, Opfer der Adler? Es ist unwirklich – ich fühl mich ausgesetzt, spür mich lebendig, verbunden und fremd zugleich. Die Weite macht mich weit, der Himmel hat keine Grenzen, es öffnet sich was in mir – und fast wie in Trance geht sich Kilometer für Kilometer.

Ich habe lange für diese Strecke gebraucht – aber ich denk mir, die körperlichen Grenzen waren nur eine Seite davon. Die Seele hat etwas gefunden, mit dem sie erst fertig werden mußte – Weite, Einsamkeit, Unendlichkeit ...

Gott als Schöpfer dieser Schönheit war mir heute im Erleben sehr gegenwärtig. Da war viel Staunen, Dank und Lobpreis in mir. Schade – aber das fällt mir auch jetzt erst ein: Es hätte gut gepaßt, dort oben, mitten in den Pyrenäen, einen der Lobpreispsalmen zu beten.

Der Abstieg nach Roncesvalles war fürchterlich. Ich bin müde, der Weg ist naß und glitschig. 600 m Abstieg auf 3 km – und die Abtei kommt und kommt nicht in Sicht. Ich mag nicht mehr, will nur noch ankommen. Und dann, auf dem glitschigen Lehmboden, zieht mir der Schlamm sauber den Boden unter den Füssen weg, und bevor ich richtig denken kann, liege ich auf dem Rücken mitten im Dreck. Mühsam schnalle ich den Rucksack los – und rauche mitten in dem all dem Chaos und dem Dreck erst einmal eine Zigarette. Ich bin an Grenzen – und bin heute wahrscheinlich darüber hinaus gegangen. Ich inspiziere mich und den Rucksack – es scheint nichts Ernstliches passiert zu sein. Meine Knochen lassen sich alle schmerzfrei bewegen, die Hose ist eingesaut, der Rucksack zeigt ein paar Spuren des unerwarteten

Landemanövers. Charlie, der kleine Pinguin, der außen am Rucksack hängt, hat den Sturz auf die Schnauze gut überstanden.

Um 17.45 Uhr bin ich nach Roncesvalles hineingestolpert, anders kann man es wohl nicht beschreiben, und weiß, daß am Sonntag um 18.00 Uhr die Pilgermesse ist. Und damit gerate ich ein bißchen in Streß: Stempel holen, eine Unterkunft besorgen – und das würde diese Nacht nicht das Refugio sein, dessen war ich mir ziemlich sicher – zumindest die verdreckten Wanderschuhe gegen die Turnschuhe tauschen – und irgendwas trinken. Für eine Viertelstunde finde ich das viel an Programm. Und dabei habe ich noch nicht einmal die Sprachschwierigkeiten einkalkuliert. Irgendwann habe ich heute die Grenze von Frankreich nach Spanien überquert, ich hatte den Grenzstein wohl gesehen – aber heute abend plötzlich mit Spanisch konfrontiert zu sein, das ist nochmal eine ganz andere Sache. In meiner Müdigkeit macht mich das Nicht-verstehen und Nicht-verstanden-werden aggressiv.

Auf dem Hof des Klosters begegne ich einem der Iren. Ich habe den Eindruck, daß er sich freut, daß ich da bin. Er lacht mich an, fragt: »You got it?« Ich nicke bestätigend – und dann sagt er: »I was sure – fine! You will come to church?« Ich nicke wiederum – im Moment fehlen mir anscheinend die Worte – aber es ist grad gut so.

Ungeduscht, noch in den dreckigen Klamotten, komme ich mit einer Minute Verspätung in den Gottesdienst. Zwei Reihen vor mir entdecke ich die beiden Iren, es tut mir gut, sie zu sehen. Nachdem ich ein bißchen zur Ruhe gekommen bin, schaue ich mich um, ob ich noch andere Pilger entdecke. Aber in der sonntäglich-festlich gekleideten Schar fällt mir niemand auf. Einen Moment lang komme ich mir mit der Gore-Tex-Jacke und den dreckigen Wanderhosen deplaziert vor – aber dann denk ich: Schließlich ist das eine Pilgermesse – Pilger dürfen so aussehen.

Es ist noch einmal ein Sonntagsgottesdienst, diesmal eben auf spanisch, ich verstehe so gut wie überhaupt nichts, aber es macht nichts. Ich bin nur froh, daß ich angekommen bin.

Die Inszenierung ist gut gemacht: Ein Mann vorne neben dem Altar gibt die Einsätze für den Gemeindegesang, zum Salve Regina wird in der Kirche das Licht ausgeschaltet, nur die Marienfigur wird angestrahlt, es gibt einen Pilgersegen, bei dem die Pilger mit ihren Herkunftsländern genannt werden und vor dem Altar stehen. Das ist nochmal ein dichter Moment für mich: Nach diesem Tag mit all seinen Grenzen, mit all dem Schönen, nach der ersten Etappe auf dem Weg nach Santiago, noch einmal für den Weg gesegnet zu werden. Mit mir stehen zehn, zwölf andere Pilger vor dem Altar, es sind also doch einige, die unterwegs sind.

Aber verglichen mit dem baskischen Gottesdienst in St.-Jean gestern wirkt das heute abend hier doch etwas blaß.

Anschließend komme ich mit den beiden Iren kurz ins Gespräch. Und da sie nachher auch zum »Pilgermenü« in das Hotel kommen, in dem ich übernachte, verabreden wir uns kurzerhand zum Abendessen. In der Bar trinke ich ein Bier, dann gehe ich duschen. Und daß ich schon am ersten Abend die Hose würde waschen müssen, das hätte ich vorher nun auch nicht gedacht.

Zum »Pilgermenü« finden sich acht Pilger ein – mit den beiden Iren und einem Franzosen sitze ich an dem einen Tisch, Helmut, den ich jetzt auch wiedersehe, ein belgisches Ehepaar und ein Italiener am anderen. Mit den beiden Iren unterhalte ich mich bestens, wir sind auf der gleichen Wellenlänge. Neville macht Jugendarbeit in der Diözese Dublin, Gerard hat seinen

Computerjob an den Nagel gehängt, um den camino zu machen. Als Neville mich fragt, warum ich den Weg eigentlich gehe, kommen wir beide in ein intensives Gespräch über Glauben und Religion und Kirche. Schließlich kommt das Essen, dazu eine Flasche Wein – und Neville fragt, ob wir vorher beten wollen. Nach kurzem Hin und Her betet er schließlich auf englisch vor – nicht ohne klargestellt zu haben, daß das nächstemal ich an der Reihe sei.

Montag, 26.5.

Zubiri, 20.00 Uhr

Ein schöner, aber durchaus mühsamer Tag liegt hinter mir. Der Weg war stellenweise nur matschig, es gab riesige Wasserpfützen – immer wieder erforderte das ein Anhalten, Überlegen, wie kommt man da jetzt am besten an dieser Stelle vorbei, an ihr vorüber? Irgendwie – ich habe den camino nie mit Matsch und Dreck verbunden, aber genau das war er heute – matschig und dreckig. Durch diese vielen Sumpfstellen komme ich überhaupt nicht in einen Laufrhythmus hinein – und das kostet mich viel Kraft. Dazu bin ich durch die Übernachtung im Hotel erst spät weggekommen und kam heute nachmittag in die Hitze hinein – ich erlebe mal wieder die Grenzen dessen, was im Moment bei mir geht, im wahrsten Sinne des Wortes.

Der Abstieg vom letzten Bergpaß, dem Monte Erro, nach Zubiri hinunter, ist schwierig – wieder bin ich müde, der Weg erfordert viel Aufmerksamkeit – und nach meinen beiden Stürzen bei Abstiegen, damals im Allgäu, gestern auf dem Weg nach

Roncesvalles, habe ich da anscheinend meinen mentalen Schaden weg. Ich gehe vorsichtig und langsam und muß viel an Kraft investieren. Dazu kommt, daß das linke Knie aufgrund der Belastung schmerzt. Eben, auf der ebenen Straßenstrecke hier zum Restaurant, ging es schon wieder – trotzdem. Mal sehen, wie es morgen wird.

Übrigens, Restaurant: Hier hat der Besitzer die Chance erkannt und bietet eine Speisekarte in den vier Sprachen des camino an: spanisch, französisch, englisch, deutsch. Ich empfinde jetzt schon den camino als ausgesprochen lernintensiv, was Sprachen angeht – aber man muß halt zugleich in der Lage sein, von der einen auf die andere Sprache umzuschalten. Noch antworte ich oft mit »merci«, wenn mir jemand was hinstellt, und gelegentlich denke ich schon mal wieder in Englisch. Spannend und ein bißchen verquer wird es dann, wenn ich den englischen Urlaubsgast heute morgen im Hotel frage, was eigentlich bezahlen auf spanisch heißt – oder wenn ich in einem französisch-spanischen Wörterbuch nachschlage, wie man denn »eau potable« in spanisch nennt. Sprachenmischmasch …

Begegnungen auf dem Weg – da gehörten heute die Kühe dazu. Beim Abstieg vom ersten Paß, ein wunderschöner, schmaler Bergpfad, höre ich plötzlich ein Läuten – und denk mir: Jungvieh! Und da steht die erste Jungkuh auch schon vor mir – und bleibt angesichts meiner verblüfft stehen. Hinter ihr tauchen vier, acht, zehn andere Jungkühe auf, vollkommen irritiert über das ungewöhnliche Hindernis auf dem gewohnten Weg. Klar ist, wir kommen nicht aneinander vorbei. Ich sehe es ein, die anderen sind zwar in der Überzahl, aber haben auch erheblich mehr Angst. Ihnen wird mit Sicherheit keine intelligente Lösung einfallen. Ich stelle mich auf den Ausweichplatz, der zufällig gerade vorhanden ist und schicke im stillen ein Dankgebet an die Freunde im Allgäu, bei denen ich in den letzten Jahren ein bißchen was über den Umgang mit Kühen gelernt habe. Der ersten Kuh rede ich gut zu und winke sie höflich vorbei. In dem Fall gilt es wirklich: Die ersten sind die mutigsten, drei oder vier Kühe ziehen an mir vorbei, leicht indigniert zwar, aber immerhin. Die anderen sind ängstlicher, sie sehen die anderen davonziehen, wollen hinterher, trauen sich aber nicht an mir vorbei, schließlich brechen sie durch das Unterholz, im ausreichenden Sicherheitsabstand zu mir. Immerhin – sie kommen noch um mich herum. Nur ein Jungkalb, das allerkleinste, kann mit der Situation überhaupt nichts anfangen. Es muht verzweifelt, als es die anderen verschwinden sah, traut sich aber nicht hinterher zu gehen, und als ich schließlich näherkomme – ich kann ja auch nicht den halben Tag darauf warten, daß ein Kalb zu einer Entscheidung kommt – dreht es sich schließlich um und trabt und trottet in all seiner Verzweiflung vor mir den Bergpfad wieder hinunter. So habe ich zwar für zehn Minuten eine nette Begleiterin – aber schließlich steht das Kalb unten allein am Zaun, ich schließe das Gatter hinter mir, und es schaut mich sehr verloren und ein bißchen verzweifelt an. Aber ich kann ihm nun auch nicht helfen, all mein Zureden, mein Zurückbleiben, mein Ausweichen auf »Seitenstraßen« hatten das Kälbchen nicht zur Umkehr bewegen können. Jetzt muht es kläglich – aber was hätte ich tun sollen?

Der Weg lehrt mich vieles – meinen Rhythmus nicht gefunden haben, nicht finden können, sowohl im Tagesablauf wie beim Laufen selbst, das kostet Kraft, zusätzliche Kraft. Manchmal tut es gut, sich einfach in einen Rhythmus hineinzubegeben, einfach gehen zu können, ohne groß nachdenken zu müssen. Das kenne ich von meinem Alltag her.

Und ich darf nur ein überschaubares Wegstück im Blick

haben. Wenn ich auf die gesamten 780 km von St.-Jean nach Santiago schaue, dann finde ich diese Entfernung so ungeheuerlich, daß es mich lähmt – und ich vor lauter Unerreichbarkeit überhaupt keinen Schritt mehr mache. Die 20, 25 km bis zum nächsten Refugio – das ist überschaubar, das ist machbar. Da trau ich mich, da kann ich losgehen. Seltsam – das ist ja eigentlich keine neue Erkenntnis, die hat ja Beppo, der Straßenkehrer, in Michael Endes schönem Buch »Momo« schon gehabt. Aber hier in diesen Tagen wird es mir nochmal neu bewußt. Trotzdem – der Weg braucht das Ziel. Der Wanderer ohne Ziel wird zum Vagabunden, zum Abenteurer. Die einzelnen überschaubaren Wegetappen sind auf Santiago ausgerichtet. Der Weg an sich ist nicht das Ziel, er ist relativ, nicht absolut. Er führt zum Ziel, deswegen ist er wichtig. Ohne Ziel würde der Weg in die Beliebigkeit geraten, dann wäre es egal, ob ich nach Süden, Osten oder Westen gehe – und dann wäre es egal, in welcher Haltung ich den Weg gehe. Erst das Ziel richtet mich aus. Dem Spruch, »Der Weg ist das Ziel«, mißtraue ich zunehmend. Ich kann ihm insofern beistimmen, wenn es darum geht, den Weg wichtig zu nehmen. Ich kann auch vor lauter Fixierung auf das Ziel den Weg und was er für mich bereit hält, gering achten. Aber der Weg braucht das Ziel – das ist hier in Nordspanien nicht anders als in meinem Alltag. Wer den Weg achtet, wird schon im Gehen etwas vom Ziel erleben können. Aber das Gehen an sich ist kein Wert, sondern bekommt seinen Wert nur dadurch, daß ich auf ein Ziel hin gehe.

Spirituell im eigentlichen Sinn war heute nicht viel – oder vielleicht doch?

Dienstag, 27.5.

Trinidad de Arre, 16.30 Uhr

Ja, es ist leider ziemlich eindeutig – das linke Knie macht nicht mehr mit. Auf ebener Straße geht es grad noch –, aber alle Auf- und Abstiege tun ziemlich weh. Ich fürchte, mir bleibt nichts anderes übrig, als morgen bis Pamplona zu gehen, mich dort in einem Hotel einzuquartieren und einen Arzt aufzusuchen. Es ist ärgerlich, aber nicht zu ändern. Als ich hier in Trinidad ankam, traf ich eine Australierin mit ähnlichem Schicksal – auch sie hat seit zwei Jahren den Weg geplant, hat sich sieben Wochen Zeit dafür »herausgeschlagen« – und wurde vom Arzt hier wegen eines herausgebrochenen Fußnagels für fünf Tage »ruhiggestellt«.

Ansonsten, ohne das Knie, wäre die Etappe heute ganz schön gewesen. Ich realisiere allmählich, daß mit Gepäck und je nach Wegbeschaffenheit 3 bis 3,5 km in der Stunde schon viel sein können. Der erste Teil war häßlich – vorbei an der großen Magnesium-Fabrik, die das ganze Tal verschandelt und deren Abgasfahnen mich noch einige Kilometer begleiteten. Aber es gab auch schöne Waldpfade, wieder viel dreckige Stellen (ich bin grad nur froh, daß ich gestern nicht die Schuhe geputzt habe) und auch die eine oder andere gefährliche Stelle, glitschig abwärts. Ich habe mich an Zweigen und Ästen durchgehangelt – wenn mir jemand zugesehen hätte, hätte er sicher entweder schallend gelacht oder vor Mitleid geweint. Meine Arme sind gut verschrammt. Und ich möchte nicht wissen, wie es mir bei schlechtem Wetter auf diesem Abschnitt ergangen wäre.

Ich spüre, wie es mich auch psychisch Kraft kostet. Sich

alleine auf den Weg zu machen, sich bei allen Schwierigkeiten immer wieder selbst motivieren zu müssen, die Sprachprobleme, jeden Tag an einem anderen Ort – ein bißchen verloren fühle ich mich manchmal schon.

Trinidad de Arre, 21. 00 Uhr

Ich geb's zu – die Sache mit meinem Knie macht mich doch ein bißchen traurig, dazu kommt die Fremde, die Heimatlosigkeit …

Und irgendwie habe ich plötzlich keine Lust mehr, mit den anderen wie vereinbart essen zu gehen. Wenn sie untereinander englisch sprechen, bekomme ich eh nur ein Drittel mit – und ich habe eigentlich auch keine Lust, mich mühsam durch eine spanische Speisekarte zu lesen, um dann irgendwas zu bestellen, was ich doch nicht kenne. Aber vielleicht ist meine Unlust auch nur eine Antwort auf die vielen Erlebnisse der letzten Tage und Stunden – oder auf meine Schmerzen im Knie. Wenn ich verletzt bin, ziehe ich mich zurück – das kenne ich von mir.

Also – »Supermercado« ist angesagt – und als ich durch die Gänge schlendere, überlege, worauf ich wohl Lust hätte, macht mich plötzlich der Thunfisch in der Dose an. Dazu ein kleines Baguette, Rotwein, ein bißchen Käse – das kann ich mir gut vorstellen. Und ein Refugio ganz für mich allein, weil alle anderen auswärts essen, wäre ja auch nicht schlecht. Und jetzt, wenn ich dies schreibe, ist es genauso so – und es tut mir nur gut.

Als ich meine Sachen eingekauft habe, hole ich mir noch ein Eis und setze mich auf die Bank am großen Platz. Da eilt der Pfarrer an mir vorüber und grüßt freundlich. Ich ziehe die Uhr aus der Hosentasche hervor. Als ich am Montagmorgen in Roncesvalles den Rucksack aufsetzte, hat mir ein Rucksackriemen glatt das Uhrenarmband durchschnitten, na gut, dachte ich noch, es wird wohl seinen Sinn haben. Es ist zehn Minuten nach sieben – richtig: Um halb acht soll Gottesdienst sein, ich hatte heute nachmittag extra gefragt. Aber als ich vorhin an der Kirche vorbeiging, wirkte sie so verschlossen und abweisend, daß ich die Idee wieder gestrichen hatte. Soll ich jetzt doch in den Gottesdienst? Ich schaue an mir herunter: Kurze Hosen, Turnschuhe – werden die mich damit in Spanien überhaupt in eine Kirche hineinlassen? Ich zweifle ein bißchen, aber dann fällt mir die Muschel ein, die mir Angelo mitgegeben hat, und ich hole sie unter dem T-Shirt hervor. Wenn man die Muschel sieht, dann wird man ja wohl ein Einsehen haben, daß ich hier nicht im Sonntagsstaat umherlaufen kann. Also gut – ich öffne die Kirchentür – und bleibe verblüfft stehen. Was von außen so unscheinbar ausgesehen hat, erweist sich als ein schöner Kirchenraum, liebevoll und geschmackvoll eingerichtet. Im Altarraum hängt ein großes Kruzifix von der Decke – und wirft aufgrund der Beleuchtung nach links und rechts ganz interessante Schatten. Ich gehe in eine Bank nahe der Tür, stelle die Einkaufstüten ab, knie hin – ob das Knie das wohl mitmacht? Doch, das geht noch – und sehe im Altarraum plötzlich eine große Andreas-Figur stehen. Fast scheint es mir, als schmunzle er mich an – so wie damals im Petersdom, als wolle er mir sagen: Hör mal, bloß weil du jetzt nach Santiago gehst, heißt das ja noch lange nicht, daß nur noch der Kollege für dich zuständig ist. Ich bin ja schließlich auch noch da! Ich freue mich, den Andreas da vorne zu entdecken – und es berührt mich sehr.

Ich komme in die letzten Gebete des Rosenkranzes hinein. Als dann zum Gottesdienst der Priester einzieht, der Altarraum hell erleuchtet, festlich geschmückt, bin ich den Tränen nahe. In all der Fremde, in all dem Alleinsein der letzten Tage – hier bin ich daheim, hier bin ich zuhause.

Der Gottesdienst dauert nur 23 Minuten – aber meine Stimmung schlägt um. Die Sache mit dem Knie hatte mich doch mehr gebeutelt, als ich mir selbst zugestehen wollte – jetzt fühle ich mich wieder »aufgehoben«. Vorhin war ich doch ein bißchen in der Gefahr, in die Traurigkeit und das Selbstmitleid abzurutschen. Und so kurz der Gottesdienst auch war, er war nicht lieblos heruntergelesen. Ich war einige Male kurz vor dem Weinen – aber es war gut so.

Und ich weiß plötzlich auch, was mir die letzten beiden Tage gefehlt hat: Die Kirchen und die spirituelle Ausrichtung. Ich war so mit dem »Überleben« und der Gestaltung des Tages beschäftigt gewesen, daß mir das Spirituelle irgendwie weggerutscht ist trotz der Laudes am Morgen. Der Weg hatte sich in den Mittelpunkt gedrängt, das Ziel war verloren gegangen ....

Und das nehme ich mit vom heutigen Tag: Mir fehlt der Halt, der Boden, wenn ich aus meiner Beziehung zu Gott herausfalle. Dann erlebe ich mich wirklich in der Fremde und im Elend, was das Wort »pilgern« ursprünglich bedeutet. Solange ich in Gott bin, bin ich geborgen und aufgehoben – selbst auf den ungewöhnlichsten Wanderwegen in Nordspanien.

Mittwoch, 28.5.

Burlada, 9.15 Uhr

Ich sitze gemütlich in einer Bar in Burlada, einem Vorort von Pamplona. In Villada war die Pfarrkirche abgeschlossen – schade. Aber auf dem Weg hierher gab es eine kleine Kirche, die offen war, und in der ich dann die Laudes gebetet habe. Hängengeblieben bin ich heute morgen an einem Jesaja-Vers: »*Denn der Herr hat an dir seine Freude, …, so freut sich dein Gott über dich*« (*Jes 62,4b.5b*).

Jean Vanier schreibt über die Statue am Portal der Kirche in Chartres, die die Erschaffung des Adam darstellt: »*Adam ruht an der Brust Gottes, so wie Johannes an der Brust Jesu ruhte. Beide lächeln und sind von tiefer Freude erfüllt, als ob Gott, der Künstler, zu Adam sagen wollte ›Du bist schön‹, und dieser ebenfalls zu Gott sagen wollte. ›Du bist schön‹. Der künstlerische Mensch kann wunderschöne Statuen, Gemälde, Gedichte und Bücher herstellen. Aber keines unserer Erzeugnisse kann uns anschauen und zu uns sagen: ›Ich liebe dich – du bist schön.‹ Und der Mensch kann Gott anschauen und zu ihm sagen: ›Ich liebe dich – du bist schön.‹ – Der Schöpfer und sein Geschöpf können ineinander verliebt sein.*«

Ein Satz von Johannes vom Kreuz fällt mir dazu ein: Gott ist durch seine Schöpfung hindurchgegangen – und seine Schönheit ist an ihr hängengeblieben.

Am Sonntagabend in Roncesvalles hatte mich Neville ja gefragt, warum ich den Weg gehe – er ist übrigens der einzige, der mich bisher gefragt hat – und da habe ich mich mit einer Antwort, zumal auf englisch, schwer getan. Inzwischen ist mir eingefallen, was wohl die einfachste und zugleich richtigste Antwort gewesen wäre, und das kann man so wohl auch nur auf Englisch sagen: I have new fallen in love to God – and I'm going to celebrate it (Ich bin von neuem in die Liebe zu Gott gefallen – und ich bin auf dem Weg zum Feiern). Ich weiß zwar nicht, ob der Satz grammatikalisch so genau stimmt – aber so würde ich Neville heute antworten.

Also – auf nach Pamplona, zur Stadt der »Fiesta«!

Pamplona, 17.30 Uhr

Ob Gott wohl auch seine Freude an mir hat, wenn ich durch Pamplona humple? Nein, Schmerzen habe ich keine mehr – aber das liegt wohl eher daran, daß der Arzt das Knie mit einem Verband vollkommen ruhiggestellt hat.

Die Straße hierher ging ja noch, aber der kleine Aufstieg in die Stadt hinein tat einfach nur weh – und mir ist klar, da muß jetzt irgendwas geschehen. Schließlich ist es nicht die Wallfahrt zur schmerzensreichen Muttergottes.

Also – Tourist Information, da sprechen sie zum Glück englisch, und ich frage nach einem Hotel und einem Arzt. Dann treffe ich einen Schweizer aus dem Refugio in Trinidad de Arre wieder – er hat sich inzwischen auch dafür entschieden, in Pamplona zu übernachten, weil er einiges Geschäftliche von hier aus erledigen will. Er spricht fließend Spanisch, ich weiß, wo Pensionen sind, so tun wir uns zusammen und machen uns miteinander auf die Suche – und finden auch zwei Zimmer im gleichen Hotel. Für heute abend haben wir uns zum Essen verabredet – die Perspektive tut mir ganz gut.

Und dann bin ich zum Arzt bzw. genauer zum Gesundheitszentrum. Die Verständigung gestaltete sich wieder einmal ausgesprochen interessant. Nach viel Reden mit Händen und Füßen, Auslandskrankenschein, Krankenkassenkarte und Personalausweis war ich fünf Minuten später beim Arzt, ohne Warten, ohne Voranmeldung. Der war ausgesprochen nett, sprach aber wiederum auch nur Spanisch. Aber die Frage »haben Sie da Schmerzen?« scheint sich in allen Sprachen gleich anzuhören. Immerhin, da wo er tastete, tat auch nichts weh. Ziemlich eindeutig jedenfalls war seine Aussage »nicht laufen« und in einem mehrsprachigen Patientenführer die Zeile: »Den Verband dürfen Sie nicht abnehmen!« Er brachte mich dann zu einer Krankenschwester, die wiederum auch nur Spanisch sprach – dafür aber einen kunstvollen Verband um mein Knie legte, der jegliches Anwinkeln und Beugen unmöglich machte. Ich wußte zwar immer noch nicht, was ich nun eigentlich genau hatte – vermute aber, daß es irgendwas mit den Bändern oder Sehnen zu tun hat, die genau die Aufgabe haben, das Knie zu beugen.

Nach einer Viertelstunde bin ich wieder draußen – und alle Santiago-Pläne sind vorerst durchkreuzt. Ich setze mich auf eine Bank vor dem Gesundheitszentrum, rauche eine Zigarette und kann schließlich die Tränen nicht mehr zurückhalten. Nicht mehr laufen können, nicht wissen, was überhaupt los ist und wie lange das dauern wird (ich meinte, irgendwas von einer Woche erahnt zu haben) – und klar sehen, daß mit dem Knie und der mir zur Verfügung stehenden Zeit ich auf keinen Fall die gesamte Strecke von Pamplona bis Santiago zu Fuß gehen kann ... so ein Mist aber auch ...

Es dauert ein bißchen, bis ich mich halbwegs wieder gefangen habe und überlegen kann, was jetzt sinnvollerweise zu tun ist. Ich habe jedenfalls weder Lust, eine Woche in Pamplona zu verbringen, noch dazu, Pamplona verlassen zu haben, ohne mir den Stempel geholt zu haben und die Kathedrale gesehen zu haben. So interpretiere ich erstmal die Handbewegung des Arztes von »nicht laufen« in »nicht wandern« um – und humple los, auf der Suche nach einer Bar. Jetzt brauche ich erstmal einen Kaffee.

Im Erzbischöflichen Palais gibt es den Stempel für den Pilgerausweis, ich werfe einen Blick von den Befestigungsanlagen auf das umliegende Land, und muß doch noch einigemale die eine oder andere Träne aus den Augen wischen.

Zur Kathedrale muß ich zweimal – in Spanien halten auch die Kathedralen Siesta, von 13.30 Uhr bis 16.00 Uhr ist geschlossen – aber es ist eine wirklich beeindruckend schöne Kirche! Als ich ins Refektorium komme, nimmt es mir fast den Atem, so fasziniert mich dieser Raum. Ich lasse den Kunstführer beiseite, mich interessieren in diesem Moment keine Einzelheiten, ich will spüren. Und ich spüre Licht und Raum und Weite, ein »Dem-Himmel-Entgegenstreben«, Klarheit und Struktur und Farben im dämmrigen Licht. Ich glaube, es war wohl in diesem Moment, daß in mir die Entscheidung fiel – nein, ich breche nicht ab, ich fahre nicht nach Hause, egal, wie es mit dem Knie weitergeht, notfalls fahr ich mit dem Bus nach Santiago – aber dafür gibt es hier in Nordspanien viel zu viel Schönes zu sehen.

Ich humpele nochmal bei der Tourist Information vorbei – und erkundige mich vorsichtshalber schon mal nach einer Busverbindung nach Puente la Reina – und dann gönne ich mir als kleines Trostpflaster einen großen Erdbeerbecher mit Sahne.

Pamplona, 20.00 Uhr

Die Tränen sitzen zwar noch locker – aber ich fange immerhin an, mich mit meinem Schicksal zu versöhnen. Ich sitz-liege gemütlich auf meinem Hotelbett hier in Pamplona, draußen auf der Straße tobt das Leben – aber es ist okay so.

Ja, es tut weh, meinen Traum, diese Idee, auf die hin ich so lange gelebt habe, loszulassen – da zerbricht etwas. Das tut weh, verdammt weh – und ich weine auch jetzt, wenn ich das schreibe. Wie tief es bei mir geht, habe ich vorhin gemerkt, als ich mit den Eltern telefonierte und es dem Schweizer Mitpilger erzählte. Paul konnte ich schon gar nicht anrufen, dem konnte ich es nur schreiben.

Zugleich aber: Bedauern tut mir überhaupt nicht gut. Das zieht mich nur noch weiter hinein. Und wenn auch meine Tränen und mein Klagen im Moment durchaus ihren Platz und ihre Zeit haben dürfen, so mag ich doch nicht ins Jammern kommen.

Viel interessanter finde ich im Moment die Frage: Wozu das Ganze? Welchen Sinn macht das alles, was ich hier grad schmerzhaft am eigenen Leib erlebe?

Ich ahne ein bißchen was. Der Schweizer hat heute abend erzählt, daß er am 24.6. wieder in der Schweiz sein muß und daß er deshalb die Tagesetappen verdoppeln will. Und das sagt er, ohne mit der Wimper zu zucken. Er geht 40 km am Tag – und als ich das höre, fühle ich mich mangelhaft und ungenügend, weil ich weiß, das pack ich nicht. Und dann frage ich mich plötzlich, ob das überhaupt erstrebenswert ist, den camino mit 40-km-Tagesetappen »zu machen«. Was mag derjenige bei dem Tempo von all dem sehen, was am Rande des Weges verborgen liegt? Und wieso messe ich mich dann eigentlich an etwas, das überhaupt nicht erstrebenswert ist? Ist das nicht auch eine Wiederspiegelung unserer gesellschaftlichen Situation: Das, was als Leistung hingestellt wird, wird ungefragt als Maßstab übernommen, die Stärke, die Kraft gilt – und wer das nicht erreicht, fühlt sich ungenügend.

Das Buch, das Angelo mir mitgegeben hat, wird mir plötzlich ganz neu wichtig: Heile, was gebrochen ist. Das beinhaltet für mich einen Auftrag, auf den ich mich aufgrund meiner Geschichte und meiner Erfahrungen gut einlassen kann.

Aber wie kann ich mir denn anmaßen, Gebrochenheit zu heilen, wenn ich nicht weiß, nicht erlebt habe, was Gebrochenheit heißt?

Donnerstag, 29.5.

Puente la Reina, 10.30 Uhr

Das ist eine ausgesprochen blöde Art zu pilgern …

Als der Bus aus Pamplona hinausfuhr, habe ich die gelben Pfeile gesehen, die den Weg markieren – und da stiegen schon wieder die Tränen hoch. Und die Etappe nach Puente wäre sicher sehr schön gewesen – Pamplona allmählich hinter sich lassend, über den Bergkamm mit den vielen Windrädern – die ich ja grundsätzlich ökologisch für sinnvoll halte, an der Stelle aber trotzdem als eine andere Form der Umweltverschmutzung empfinde – und dann durch fruchtbares Land.

Aber ich bin immer noch ausgesprochen privilegiert im Vergleich zu vielen anderen, die den Weg in Etappen gehen und immer nur vierzehn Tage Zeit haben. Mir vorzustellen, mir wäre das mit dem Knie passiert – und ich hätte insgesamt nur zwei Wochen … undenkbar. So liegen noch fünf Wochen vor mir – Zeit genug, wenn eben auch nicht mehr die Zeit für das Ganze. Trotzdem – es bleibt noch viel – und irgendwann wird das Knie ja wohl wieder mitmachen.

Obwohl – solche Aktivitäten wie heute morgen sind der Heilung wohl kaum förderlich. Zuerst war ich gespannt, wie das Gehen mit der Belastung des Rucksacks sein würde – aber es ging durchaus, humpelnd zwar und immer nur Stufe für Stufe –, aber daran hatte ich mich ja gestern schon ein wenig gewöhnen können.

Dann bin ich zur Post gehumpelt, die auf dem Weg Richtung Busbahnhof liegt – und habe mich wie zuhause gefühlt: Da war ein Schalter geöffnet mit einer langen Schlange von Menschen davor, und irgendwo im Raum noch vier oder fünf Mitarbeiterinnen, die offensichtlich mit etwas Wichtigem beschäftigt waren – deshalb also für den normalen Schalterdienst nicht zur Verfügung standen.

So komme ich erst zehn Minuten vor Abfahrt des Busses an den Busbahnhof, finde die Abfahrtsstelle gleich, frage noch eine Frau, ob man die Fahrkarte im Bus kaufen könne, und sie nickt bestätigend. Als der Fahrer die Tür öffnet, dauert es ein bißchen, bis ich verstehe, daß der Fahrer mit »abajo« nicht nur meint, daß ich den Rucksack abnehmen soll, sondern ihn auch noch im »Kofferraum« des Busses verstauen soll. Ich also wieder raus aus dem Bus, Rucksack irgendwo unten rein geschoben, wieder rein in den Bus – und bei der Höhe der Stufen und meinem Verband am Knie war das jeweils kein leichtes Unterfangen.

Dann fragt der Fahrer nach dem »billette« – ich hatte natürlich keines, dafür einen Geldschein in der Hand. Es half nichts. Der Fahrer schickt mich los, »billette« kaufen – und ich weiß noch nicht mal wo. So humple ich denn, vier Minuten vor Abfahrt des Busses, so schnell ich kann, durch diesen Busbahnhof, entdecke keinen Fahrkartenschalter, sehe in meiner Phantasie schon meinen Rucksack mit dem Bus nach Estella losfahren – und mich hier in Pamplona alleine rumstehen. Schließlich finde ich die Guardia Civil – und fragte verzweifelt nach dem Schalter. Ohne Erfolg – Englisch versteht niemand – und in der Streßsituation fallen mir auch die entsprechenden französischen oder spanischen Vokabeln nicht ein. Ich wieder hinaus, finde schließlich den Schalter, kaufe die Fahrkarte – und humple, so schnell ich kann, wieder zum Bus zurück, der zum Glück noch da steht. Jetzt endlich läßt mich der Fahrer einsteigen.

Und ab der nächsten Haltestelle verkauft er natürlich selbst die Fahrscheine …

Bei Jean Vanier las ich gestern abend noch: »*Die Erkenntnis unserer Zerbrochenheit und unserer Verletzungen bringt uns letztlich von unserem hohen Roß herunter... und so können wir das Geschenk entdecken, das diese Wahrheit für uns bereit hält: Wir sind keineswegs anders als die Menschen, denen wir dienen möchten, wir sind genauso kaputt und verletzt wie sie auch; es wird uns deutlich wie noch nie zuvor, daß wir wirklich miteinander Schwestern und Brüder sind, wir sind verwundete Menschen, wir können einander liebgewinnen, einander vergeben und miteinander unser Eins-Sein feiern.*«

Spannend war ein Traum, den ich diese Nacht hatte. Ich leitete ein Seminar oder hatte einen Vortrag, das war nicht so eindeutig. Plötzlich hörte ich mich sagen: »Sucht und ihr werdet finden – aber es ist nicht gesagt, was ich finden werde, und ob es das ist, was ich gesucht habe. Klopft an – und euch wird geöffnet –, aber es kann auch die Nebentür sein.«

Es ist selten, daß ich einen Traum am Morgen so präsent vor Augen habe – dieser Traum macht mir Mut. Ich werde möglicherweise nicht finden, was ich gesucht habe, die Tür, vor der ich stehe, mag verschlossen bleiben – aber ich werde anderes finden und vielleicht öffnet sich eine Nebentür. Ich bin gespannt.

Puente la Reina, 15.30 Uhr

In einer kleinen Pension habe ich ein Zimmer bekommen, bin ein bißchen durch den Ort gehumpelt – und diese Brücke ist wirklich wunderschön! Jetzt sitze ich hier draußen vor der Pension, habe mir ein Bier genehmigt, ein bißchen gelesen – plötzlich kommt der Schweizer, der sich interessanterweise auch hier einquartiert hat. Und so haben wir uns wieder mal für heute abend verabredet – und ich finde es schön, nicht so ganz alleine zu sein! Ein bißchen was von der Weggemeinschaft bleibt mir erhalten.

22.00 Uhr

Es wurde ein netter Abend. Der Schweizer tauchte plötzlich mit zwei Frauen aus Deutschland auf, die er unterwegs kennengelernt hatte, Traute und Isabell. Er selbst hat sich früh ins Bett verzogen, wir drei Frauen gehen noch miteinander essen. Traute ist den Weg letztes Jahr schon einmal gegangen. Und als ich frage, warum sie ihn wieder geht, zuckt sie nur mit den Schultern – das frage sie sich selbst auch.

Als sie mich fragen, warum ich unterwegs bin, erzähle ich von meiner »Lebensstufe«, meinem Übergang, dem bevorstehenden Theologiestudium, meinem Engagement in der Kirche. Und als ich im Gegenzug Isabell »interviewe«, erzählt sie, daß sie Buchhändlerin ist und aus der Kirche ausgetreten sei. Sie interessiert der Weg vor allem kunsthistorisch. Nach einer kurzen Pause fragt sie, was es denn mit mir mache, daß sie aus der Kirche ausgetreten sei. »Nichts«, sage ich, ich könne verstehen, daß manche Menschen aufgrund ihrer Lebensgeschichte und ihrer Situation Kirche nicht gerade als befreiend erlebt haben und deshalb die Konsequenzen gezogen haben. Aber die Antwort stimmt nicht so ganz – es macht mir doch was.

Ich finde es schade, daß vor lauter Kirche mit ihren manchmal so einengenden Strukturen und Aussagen die befreiende Kraft des Glaubens nicht bei den Menschen ankommt. Kirche ist Mittel und Weg zum Ziel, soll Weg zu Gott sein, und läßt sich nur verstehen auf Gott hin. Und es macht mich traurig, daß Kirche immer wieder als Hindernis auf eine solch lebendige Beziehung zu Gott hin erlebt wird. Ich spüre bei vielen Menschen eine Sehnsucht nach dem Religiösen – und höre immer wieder, daß das konkrete Erleben von Kirche dem entgegensteht. Manchmal frage ich mich inzwischen aber auch, ob die Auseinandersetzung mit der Kirche vielleicht als Vorwand genommen wird, Gott nicht an sich heranzulassen – denn das könnte ja Konsequenzen auf das eigene Leben haben …

Jetzt bin aber auch ich neugierig geworden und frage, wie sie denn die Begegnung mit den vielen Kirchen und christlichen Elementen am Weg erleben würde? Oh, sie liebe Kirchen – und vor allem die romanischen und gotischen –, und sie liebe dieses Hinaufstrebende. Und drei Sätze später sagt sie so ganz nebenbei: Eigentlich beneide ich die Menschen, die so stark im Glauben verwurzelt sind …

Freitag, 30.5.

Puente la Reina, 10.40 Uhr

Irgendwie – bei den Gottesdiensten hier hab ich immer das Gefühl, daß der Priester direkt anschließend noch was ganz Dringendes und Wichtiges vor hat. Das Ganze geht in einer atemberaubenden Geschwindigkeit vor sich. Trotzdem – die Gottesdienste sind in diesen Tagen ein wichtiger Halt für mich.

Spirituell fühle ich mich ein bißchen allein auf diesem Weg – ich überleg grad, ob eher das Wort »allein« oder das Wort »einsam« stimmt. Aber einsam fühl ich mich in meiner Beziehung zu Gott nicht, wirklich eher allein. Welche Erwartungen habe ich denn da gehabt? Mehr solcher Gespräche wie am Sonntagabend mit Neville? Das gemeinsame Gebet wenigstens vor dem Essen? Daß man diejenigen, die hier auf dem Weg sind, auch mal in einer Kirche sieht – und zwar betend und nicht nur die Kirche als Kunstwerk betrachtend? Spirituell bin ich grad Selbstversorger …

Draußen scheint die Sonne, in der Nacht hat es geregnet, die Schwüle ist weg. Es ist optimales Wanderwetter – und ich freu mich für die anderen, die heute auf dem Weg sind.

Puente la Reina, 13.00

Ich habe mich an der Brücke eingerichtet und lese und schreibe. Neben mir rastet eine französische Pilgergruppe und macht Mittag. So, wie sie aussehen, gehen sie heute garantiert noch bis Estella. Ein bißchen weh tut es schon noch.

Inzwischen habe ich immerhin die Telefonnummer eines deutschsprechenden Arztes in Pamplona. Zurück nach Pamplona mag ich eigentlich nicht mehr – aber wenn nochmal was wäre, könnte man ihn immerhin anrufen und um Übersetzung bitten. Wie mag das wohl früher für einen Pilger gewesen sein, wenn er krank wurde, die fremde Sprache nicht verstand, den Anschluß an die vertraute Reisegruppe verloren hat? Heute ruft man problemlos beim ADAC an und bekommt die gewünschte Auskunft, man legt Krankenkassenkarte und Auslandskrankenschein vor und kommt mit einem Verband wieder heraus, man steckt eine Karte ins Telefon, wählt ein paar Nummern und kann sich vergewissern, daß zuhause alles okay ist.

Gleich geblieben sind wohl nach wie vor die Anstrengungen, die Blasen an den Füßen – oder plötzlich auftretende Kniebeschwerden.

Jean Vanier schreibt: *Jeder von uns muß seinen eigenen, verborgenen Rhythmus finden, um sich ausruhen, entspannen und regenerieren zu können, denn jeder Körper ist anders.*

Vielleicht will die Sache mit dem Knie auch einfach nur signalisieren, daß ich noch ein bißchen zur Ruhe kommen muß, mich entschleunigen muß, aus dem Machen herauskommen muß, um frei und damit offen zu werden für das, was dieser Weg noch für mich bereit hält. Möglicherweise gilt es zu lernen, mit meinen Kräften rücksichtsvoll umzugehen – und liebevoll mit mir selbst zu sein, wenn die Kräfte eben nicht ausreichen.

Im Alltag tue ich das oft nicht. Da nimmt die Arbeit oft einen solchen Raum ein, daß die Entspannung zu kurz kommt. Ich mache meine Arbeit ausgesprochen gern, ich sehe viel Sinn in dem, was ich tue. Es ist nicht einfach nur ein Broterwerb, ich lebe in einer Form von Ganzheitlichkeit, die ich mit keinem anderen tauschen möchte. Aber auch die schönste Arbeit braucht Ruhepausen und Erholungsphasen.

»Um das zu erreichen, müssen wir entdecken, wie wir das Aktive und Passive in uns in Einklang bringen können. Wenn wir nur das Tun im Auge haben und uns für schrecklich verantwortlich und ernst halten, werden wir eines Tages durchdrehen.

Wir müssen das Passive in uns stärken: Unser Herz, das für eine persönliche Liebe geschaffen ist. Wir müssen lernen, dem anderen zuzuhören, über die Natur zu staunen, uns einen Augenblick in der Gegenwart Jesu auszuruhen und zu erholen, die Liebe unserer Mitmenschen zu empfangen und uns von ihrem Vertrauen stärken zu lassen, wir müssen lernen, das Alltägliche zu genießen, uns nicht zu ernst zu nehmen und zu akzeptieren, wie Kinder zu werden.«

Vielleicht soll ich gerade jetzt lernen, etwas nicht perfekt zu machen, sondern mich damit zu versöhnen, daß auch Unvollkommenes schön sein kann – wenn man etwas daraus macht. Vielleicht gilt es, Abschied zu nehmen von meinen Allmachtsphantasien.

»Jeder muß seinen eigenen Sabbat ausfindig machen, seine wirkliche Stärkung. Das ist für diejenigen unter uns umso wichtiger, die dazu aufgerufen sind, mit vielen Spannungen und Streß zu

leben. Dieses Angespanntsein, das wir im Zusammenleben mit verwundeten Menschen erfahren, kann Wachstum verhindern und Wut und Erschöpfung auslösen, eine Tatsache, die nicht immer erkannt und eingestanden wird.«

Puente la Reina, 21.00 Uhr

Die Verständigungsprobleme mit der Kellnerin vorhin beim Abendessen haben mich etwas genervt. Ich kann ja verstehen, daß es den Menschen hier auch nicht paßt, daß permanent Fremde ihren Ort als Durchgangsstraße benutzen – aber genau diesen Fremden verdanken diese Orte letztlich ihre Existenz, sowohl historisch wie aktuell. Als ich mich im letzten Advent mit dem Thema »Heimatlosigkeit« beschäftigte, sagte Manfred mal sinngemäß: Wer aufbricht, die Heimat verläßt, der ist auch irgendwie stark. Und wenn solche Menschen zu denen kommen, die »zuhause« geblieben sind, kann das wiederum Angst machen und Abwehr erzeugen.

Das ist ja eigentlich paradox, und ich bin auch damals schon darüber gestolpert: Ich bin hier ganz allein in der Fremde, ohne große Möglichkeiten der Verständigung, abhängig vom »good-will« derer, die hier zuhause sind, ich fühl mich schwach und verletzbar – und erlebe diejenigen, die hier zuhause sind, als stark, mächtig, sicher. Aber inwieweit bin ich möglicherweise zugleich in meiner Schwachheit eine Anfrage an ihre Lebensform? Hier ziehen am Tag 40, 50 Pilger durch – eine permanent installierte Anfrage für diejenigen, die hier leben. Wie lebt man richtig? Und wer lebt richtig? Haben die recht, die hier hindurchziehen, oder haben die recht, die hier wohnen und bleiben und gar nicht auf so verrückte Ideen kommen? Zwei Welten treffen aufeinander, zwei verschiedene Weisen, das Leben zu leben.

Ich kann mir gut vorstellen, daß Menschen, die nicht in sich ruhen, nicht gefestigt sind, auf die durchziehenden Pilger auch mit Abwehr reagieren müssen – und daß andererseits für manche Pilger die Versuchung groß sein mag, irgendwo zu bleiben. Das Anders-Sein des anderen stellt immer die eigene Identität in Frage – oder stärkt sie, je nachdem.

Ich erlebe im Moment die Spannung in mir – Pilgerin sein, ohne gehen zu können, unterwegs sein wollen und doch bleiben müssen, mich mit einem Ort vertraut machen und doch in der Fremde sein, Bleibende zu sein und andere vorbeiziehen zu sehen.

Ich spüre, so langsam scheine ich mich meinem Thema dieser Tage anzunähern – Spannungen aushalten, gehen und bleiben, machen und lassen. Ich habe darum geahnt, aber in den streßigen Voraufbruchswochen ist es irgendwie verloren gegangen – jetzt berührt es mich wieder.

Wenn ich einfach weitergegangen wäre, wenn alles geklappt hätte – ob sich mir dieses Thema dann nochmal so gestellt hätte? Noch gab es wenig Wegstrecken, auf denen ich einfach loslaufen und denken und sein konnte. Dauernd waren, wenn auch kleine, Entscheidungen angesagt, war Organisieren gefragt.

So langsam werde ich dankbar für diese erzwungenen Tage des Innehaltens … ob vielleicht manchmal gerade im scheinbaren Scheitern das Gelingen liegt?

Samstag, 31.5.

Puente la Reina, 11.00 Uhr

Ich schlafe lang, viel und gut in diesen Tagen. Es scheint notwendig zu sein. Heute nachmittag werde ich in den Tiefen meines Rucksackes auf die Suche nach dem Wecker gehen müssen, damit ich morgen früh rechtzeitig zum Gottesdienst komme. Hier wird morgen Fronleichnam als großes Fest mit Prozession gefeiert. Der Donnerstag war ein ganz normaler Arbeitstag – ob wir in Deutschland wohl ab und an einmal daran denken, daß manche offiziellen Feiertage gar nicht selbstverständlich sind?

Heute ist mir nochmal meine doppelte Heimatlosigkeit bewußt geworden – alleine im fremden Land und inzwischen auch nicht mehr in der Pilgergemeinschaft drin, die ja auch trägt und hält. Umso wichtiger wird mir der Gottesdienst, in dem ich zwar auch vieles nicht verstehe, aber in dem mir vieles wiederum vertraut ist. Heute habe ich vom Evangelium immerhin soviel verstanden, daß ich herausbekommen habe, daß es um Marias Besuch bei Elisabeth ging – und dazu gab es zwei Lesungen (was ist denn heute nur für ein Feiertag?). Das »Gegrüßet seist du, Maria« erkenne ich inzwischen auch schon – und der Friedensgruß geschieht hier ausgesprochen herzlich.

In der Zeit, als die Pilgerbewegung hier in vollem Gang war, müßten doch eigentlich die Gottesdienste auf Latein gehalten worden sein, oder? Und dann waren möglicherweise die Gottesdienste für die Pilger damals noch vertrauter und noch ein bißchen mehr Heimat als für mich heute.

Unterwegs sein mit wenig Gepäck, das macht auch frei und unabhängig. Was ich nicht mithabe, darauf brauche ich auch nicht aufpassen, das kann ich nicht verlieren, das kann mir nicht gestohlen werden. *»Denn wo euer Schatz ist, da ist euer Herz« (Mt 6,21)* – wenn ich mein Herz an irdische Schätze hänge, dann ist die Gefahr groß, daß sie mich entsprechend besetzen werden, dann werde ich alles tun, damit mir diese Schätze nicht genommen werden, dann werde ich viel Kraft und Energie einsetzen, um mich entsprechend abzusichern. Das aber bindet und macht unfrei.

Das korrespondiert mit meinen Erfahrungen zur Heimatlosigkeit. Der Umzug damals vor drei Jahren aus dem Schwarzwald nach Rheinhessen hat mich heimatlos gemacht, das habe ich sehr schmerzlich gespürt. Damit konnte aber auch eine neue Beheimatung in Gott möglich werden – und in mir wurde viel freigesetzt, was es mir ermöglichte, liebender zu werden. Ich habe lange damit gehadert, daß ich in keiner festen Partnerschaftsbeziehung lebe und keine Kinder habe. Diese Lebensform des Alleinlebens macht aber zugleich anderes erst möglich. Kraft und Energien können anders eingesetzt werden. Damals im Advent habe ich den Zölibat mal »Sakrament der Heimatlosigkeit« genannt.

14.20 Uhr

Ich war gerade im Schreibwarengeschäft und habe dort das Buch »Der kleine Prinz« auf spanisch entdeckt. Den nehm ich jetzt mit – ich kenne den Text ja gut, und vielleicht hilft es mir, ein wenig ins Spanische hineinzukommen. Und dann hab ich mir gleich noch ein neues Tagebuch gekauft – wie soll das denn noch werden, wenn ich das erste bereits nach einer Woche halbvoll geschrieben habe?

In Puente la Reina war heute vormittag Markt, ein farbenfrohes Bild – von der Unterhose bis zur Melone wird hier alles verkauft. Schade, daß ich den Fotoapparat nicht dabei hatte.

Mein kleiner Liturgiekalender gibt mir übrigens keinen Aufschluß darüber, welches Marienfest heute hier gefeiert wurde. Es heißt nur lapidar: »...oder Gedenken des Mariensamstags.« Mag sein, daß sie den Abschluß des Marienmonats Mai gefeiert haben. Aber was mir auffällt: Maria geht über die Berge zu Elisabeth. Immer dann, wenn Menschen von Gott berührt werden, sich von Gott berühren lassen, brechen sie auf, gehen sie los, machen sich auf den Weg. Abraham bricht auf und zieht in das Land, das Gott ihm zeigen wird, das Volk Israel, das sich auf den Weg ins Gelobte Land macht, Maria, die es nach all den seltsamen Ereignissen nicht mehr zuhause hält, Jesus selbst, der als Wanderprediger umherzieht, die Jünger, die ihren Alltag, ihre Familien, ihren Beruf verlassen und mit ihm gehen – und schließlich als Apostel den Auftrag bekommen: Geht hinaus in alle Welt.

Wer sich von Gott berühren läßt, der kann nicht einfach im Altvertrauten sitzen bleiben, den treibt es um, der geht neu los. Der begreift alles Irdische als Vorläufiges, der versteht sich selbst als Fremder und Gast auf Erden, richtet seine Schritte neu auf Gott hin aus. Wer sich auf Gott einläßt, der kommt nicht unverletzt davon.

Inzwischen habe ich mich entschieden, morgen mit dem Bus ein bißchen weiter nach Westen zu pilgern ... – als nächsten Zwischenstop habe ich Logroño angepeilt. Von dort aus ließe sich eventuell am Montag auch eine »Teststrecke« zu Fuß gehen – zumindest beschreibt der Führer die Etappe bis zum nächsten Ort, in dem ich gegebenenfalls auch wieder Busanschluß hätte, als eben und ohne größere Schwierigkeiten.

20.30 Uhr

Grad kam ein Mann einfach ohne anzuklopfen in mein Zimmer herein, deutete auf das Notbett, das hier in der Ecke steht, und wollte es mitnehmen. Bisher war es willkommene Ablagefläche für mich gewesen. Zum Glück bin ich nicht allzu sehr erschrocken, sondern räumte meine persönlichen Sachen aufs Bett und drückte ihm die Stapel Handtücher und die Bettdecke in die Hand mit der Bemerkung: »I have no place for it!« Mit dem Stapel auf dem Arm, das Bett hinter sich herziehend, eine Entschuldigung auf den Lippen, zog er sich dann schließlich wieder zurück. Wo sind wir hier denn? In einem Hotel in Nordspanien…

Sonntag, 1.6.

Logroño, 14.00 Uhr

Die Störche nisten hier ja tatsächlich auf der Kathedrale! Ich hab's zwar beim Paul in seinem Pilgertagebuch gelesen, aber irgendwie nicht so richtig geglaubt …

Ja – pilgern mit dem Autobus … zugegeben – heute war ich gar nicht so arg böse darum. Es regnete den ganzen Tag – und die Pilger scheinen bei diesem Wetter wohl alle auf die Landstraße gewechselt zu haben, zumindest hat der Bus etliche überholt. Heute sahen sie wirklich bedauernswert aus.

Das Wegkommen in Puente fiel mir schwer. Die Nacht war unruhig gewesen, bis um halb fünf morgens war Highlife in der Bar – und zwei Stunden später brachen schon wieder die ersten Pilger auf, deutlich erkennbar am schweren Schritt – draußen regnete es in Strömen.

Ich hatte mir den Wecker auf sieben Uhr gestellt, bekam aber schlichtweg die Augen nicht auf. Schließlich um acht Uhr – aufstehen, packen. Und das heute morgen noch ohne Kaffee – die Bar machte erst um zwölf Uhr auf. Den Gottesdienst hatte ich mir fast schon abgeschminkt. Und einen Moment lang habe ich sogar überlegt, noch eine Nacht hier in Puente dranzuhängen – irgendwie hatte ich grad überhaupt keine Lust, schon wieder loszufahren, mich neu zu orientieren, das Vertraute zu verlassen.

Schließlich bin ich doch mit vier Minuten Verspätung und mit gepacktem Rucksack im Gottesdienst. Und als ich vor der Busabfahrt sogar noch zu einem Kaffee und einem Schokoladencroissant komme, bin ich auch fast schon wieder ein bißchen versöhnt.

Inzwischen bin ich schon in der Rioja – und die Landschaft, durch die wir vorhin gefahren sind, war trotz Regen wunderschön. Bei entsprechendem Wetter muß es viel Freude machen, sie zu durchwandern.

Logroño, 19.00 Uhr

Logroño ist als Stadt nicht so arg interessant – und wenn die Störche nicht wären, wäre es absolut langweilig. Vorhin stand ich an der Brücke über dem Ebro – und da ist mir wieder das Lied eingefallen, das wir damals bei den Pfadfinderinnen gelernt hatten: »Ebro auf und Ebro ab in der Stunde der Orangen.« Ich weiß zwar bis heute nicht, was eigentlich genau die »Stunde der Orangen« ist, ich kann das Lied auch nicht mehr – aber ich weiß, daß ich es damals sehr gerne gesungen habe.

Logroño macht seinen Sonntagabendspaziergang – festlich angezogen flanieren die Menschen durch die Straßen. Ich werde nicht mehr viel flanieren, sondern bald ins Bett verschwinden. Ich bin schon wieder oder immer noch müde.

Logrono, 22.00 Uhr

Wenn der Satz stimmt, den ich vor einigen Tagen geschrieben habe: I've new fallen in love to God – and I'm going to celebrate it – kann ich das dann nicht auch hier im Hostal in Logroño feiern? Auf dem Weg bleiben, auch wenn er sich anders gestaltet, als ich es mir vorgestellt habe – ist das nicht auch schon viel?

Und eine andere Frage, die mich heute abend beschäftigt: Wie macht man das eigentlich, pilgern? Sehr spontan würde ich sagen: Mein Herz auf Gott hin ausrichten – und den Weg gehen. Aber dann gäbe es ja auch ein Pilgern mitten im Alltag – hörend sein und bleiben, offen sein, seinem Ruf folgen, loslassen, gehen mit wenig Gepäck, mich an nichts festhalten, bereit sein zum Aufbruch – jeden Tag neu. Pilgern kann nicht heißen, jeden Tag neu ums Überleben zu kämpfen, sondern aus einem Frieden heraus zu lassen und sich neu zu öffnen. Dann aber kann es nicht darum gehen, einfach nur 780 km zu laufen, ein nettes Urlaubserlebnis zu haben – sondern dann geht es darum, eine Haltung und Einstellung einzuüben, die auch im Alltag trägt.

Ich bleibe ein bißchen mißtrauisch – stimmige Gedanken – oder der Versuch, mein vordergründiges Scheitern zu kompensieren?

Jean Vanier schreibt: *Unsere Zerbrochenheit ist die Wunde, durch die die ganze Kraft Gottes unser Wesen durchdringen und uns in ihn verwandeln kann. Ja, durch unsere Verletzungen kann die Kraft Gottes uns durchdringen und zu Strömen lebendigen Wassers werden, das die dürre Erde in uns tränkt. Dann können auch wir die dürre Erde unserer Mitmenschen tränken, damit Hoffnung und Liebe neu aufkeimen.*

Montag, 2.6.

Logroño, 9.40 Uhr

In der Tourist-Information und am Busbahnhof hatte ich unterschiedliche Abfahrtszeiten für den Bus bekommen, so habe ich mich auf den früheren Bus eingestellt, um dann festzustellen, daß der spätere erst fährt. Na gut – so sitze ich halt in der Bar am Bahnhof, trinke einen Kaffee und schreibe.

Die Bars hier in Spanien haben eine ganz eigene Kultur – hier trifft man sich, hier macht man seine Pause, hier verabredet man sich. Hier geht der Bär ab – oder in »Normaldeutsch« gesagt: Hier lebt das Leben.

Sorge macht mir mein Knie – das hat die Lauferei gestern durch Logroño doch nicht so gut überstanden. Eben habe ich mit meinem Hausarzt in Alzey telefoniert, er hat mich immerhin ein bißchen beruhigt. Was ganz Ernstes könnte es nicht sein, wenn es was mit dem Meniskus zu tun hätte, könnte ich gar nicht mehr laufen. Er geht auch von einer Überanstrengung der Kniebänder aus. Ich soll die Elastikbinde abmachen, schauen, wie es (sich) geht, notfalls pausieren und langsam machen, eventuell eine schmerzstillende Salbe nehmen. Die »Teststrecke« wird damit erstmal gestrichen. Und nach den Beschwerden heute morgen sehe ich eh schwarz für das weitere Wandern. Ist Santiago wieder mal ein Traum, der unerfüllt bleiben soll?

Immerhin erzeugt die Situation auch eine gewisse Kreativität. Heute morgen fragte ich mich plötzlich, warum eigentlich bis nach Burgos in einem Stück durchstechen?

Ich könnte doch in Santo Domingo haltmachen und mir wenigstens Henne und Hahn in der Kirche anschauen. Es würde ja auch durchaus reichen, wenn ich am Dienstag in Burgos ankomme. Und sollte ich wirklich nicht mehr laufen können, dann habe ich eh alle Zeit der Welt, um nach Santiago zu kommen – naja, immerhin viereinhalb Wochen. Also gut, die Entscheidung steht, es geht nach Santo Domingo.

Schön war es, heute morgen beim Aufwachen das ferne Klappern der Störche zu hören und sie über die Stadt fliegen zu sehen. Eigentlich ist es doch seltsam, daß Störche so menschenfreundlich sind und nicht im Wald, sondern auf Kirchtürmen nisten. Und woher mag es wohl kommen, daß ich diese Vögel so sehr mag? Kindheitserinnerungen an Ferien in Schleswig-Holstein?

Santo Domingo de la Calzada, 13.30 Uhr

Nach einigem Hin und Her, die Tourist-Information hat geschlossen, bin ich bei den Zisterzienserinnen gelandet, die hier ein Hostal führen. Hostal – das ist eine offizielle Kategorie, etwas einfacher als ein Hotel, aber durchaus in Ordnung.

Im Moment schüttet es mal wieder, was das Zeug hält. Nun gut, dann schreibe ich eben zuerst die Postkarten und gehe dann in die Kirche. Jedenfalls, und das ist ganz beruhigend, der Rucksack steht im Trockenen.

Santo Domingo, 17.30 Uhr

Die Kathedrale gefällt mir – aber beten kann ich besser in der kleinen Kirche gegenüber, die in dem offiziellen Stadtplan noch nicht mal eingezeichnet ist.

Auf dem Weg treffe ich Traute und Isabell, die grad angekommen sind, auf der Suche nach dem Refugio, naß wie junge Katzen. Jede Stunde macht es hier einen kräftigen Schauer runter. Traute hat Probleme mit dem Fuß, gestern seien sie teilweise getrampt, die Wege sind schlammverschmiert und glitschig, teilweise gefährlich zu gehen.

Faszinierend sind diese beiden Hühner in der Kirche ja schon. Das gehört mit zu den Dingen, die man irgendwo liest, sie glaubhaft versichert bekommt – und doch nicht so ganz glauben kann – so wie mit den Störchen auf den Kathedralen.

Sehr berührt hat mich eine Madonnenfigur, die mich gleich als erstes im Kreuzgang erwartet hat, der zur Kirche hineinführt: Maria de la leche, Maria von der Milch: eine sehr zarte, klare Marienfigur, eine Brust ist entblößt, sie hat die Brustwarze zwischen zwei Fingern, um die Milch hervorzupumpen – der kleine Jesus auf ihrem Schoß. Lange stehe ich vor dieser so mütterlichen, sorgenden Darstellung von Mutter und Sohn – und denke mir: Schade, daß diese so natürliche Geste, Maria stillt ihren Sohn, uns in dieser Kirche verlorengegangen ist. Und ich kann mir denken, daß sich viele gute Katholiken verlegen von dieser Darstellung abwenden würden, die ihnen möglicherweise viel zu menschlich wäre, um noch etwas mit Gott zu tun zu haben. Schade, gerade das macht doch die göttliche Solidarität mit uns Menschen aus – Gott wird aus Liebe zu uns Mensch, bis ins Letzte hinein –, und wir setzen ihn auf einen hohen und fernen Thron – und halten ihn uns damit vom Leib.

Um das Geschenk des Leibes Jesu aufnehmen zu können, müssen wir uns stärker jener Frau zuwenden, die ihn empfangen und zur Welt gebracht hat – Maria. Denn niemand hat wie sie seinen Leib umgeben, seinen Leib berührt, seinen Leib geliebt, seinen Leib gewaschen und seinen Leib verehrt. Der Leib Christi ging aus ihrem Leib hervor, er war die Frucht ihres Schoßes. Ihr Leib nährte seinen Leib: Ihre Brüste gaben ihm Kraft und Nahrung für sein Wachstum; ihre Berührung schützte ihn und gab ihm zu ver-

stehen, daß er geliebt war; ihre Gegenwart ließ ihn vor Freude singen; das Licht in ihren Augen ließ das Licht in seinen Augen erstrahlen.

Santo Domingo, 21.00 Uhr

Wenn man es mir erzählen würde, ich würde es kaum glauben: Heute morgen noch denke ich im Bus, ich laß das jetzt mit der albernen Rumrechnerei, wann ich wo wen gegebenenfalls wiedertreffen könnte, im Hotelbett in Logroño plötzlich die Idee, hier in Santo Domingo Station zu machen – und plötzlich treffe ich all die wieder, die mir bisher auf meinem Weg wichtig geworden sind, die mich begleitet haben. Als ich nach dem letzten Regenschauer die Bar verlasse, stehe ich plötzlich vor Neville. Die Freude auf beiden Seiten ist groß – und es ist fast nicht zu glauben, aber vier Minuten später sitzen wir mal wieder zusammen in einer Kirche, zusammen mit Gerard – Vesper bei den Zisterzienserinnen ist angesagt. Mit keinem andern habe ich bisher soviel Zeit in Kirchen verbracht.

Dann bekomme ich eine Einladung zum Abendessen im Refugio. Gerard ist mit Kochen dran – ich sage gerne zu. Die Vorspeise, Pasta, also Nudeln, kommt von Therese, einer jungen Amerikanerin, die mit ihrem französischen Freund unterwegs ist, und etwas zuviel gekocht hatte. Die beiden habe ich auch schon mehrmals getroffen – das erstemal vor Pamplona, als ich von meinem Knie erzählte, dann in Puente, jetzt hier, wo wir uns das erstemal etwas ausführlicher unterhalten. Beim Abendessen mit den beiden Iren bete ich vor, das hatten wir ja schließlich so in Roncesvalles vereinbart. Das nächstemal ist Gerard dran, weiß der Himmel, wann und wo das sein wird.

Dienstag, 3.6.

Burgos, 11.30Uhr

Im Hotel habe ich den Rucksack abgegeben, das Zimmer, das ich vorbestellt hatte, war auf mich reserviert, aber natürlich um die Uhrzeit noch nicht bezugsfertig – und so schlendere ich nun mit leichtem Gepäck durch die Stadt. Ich habe Geld geholt – und stehe immer noch staunend vor diesem technischen Wunder des Geldautomaten, der mich sogar auf deutsch durch sein Programm führt – und am Ende meine Euroscheckkarte wieder hergibt und 25.000 Peseten noch dazu. Vorsichtshalber, ich traue den Dingen ja nicht so recht, war ich bei einer katholischen Bank – falls was schieflaufen sollte, hätte man ja vielleicht als Santiago-Pilger... ich weiß, es ist absoluter Quatsch, und ich bin schlichtweg hinterwälderisch – aber mach was dran ...

Burgos, 18.30 Uhr

Ich sitze im Sonnenschein auf dem Domvorplatz, mit Blick auf die Kathedrale – die mich schlichtweg beeindruckt. Was steckt da für eine Arbeit von Tausenden von Menschen drin, für die der Bau dieser Kirche ein Lebenswerk war, wieviel Mühen, wieviel Schweiß! Zur Ehre Gottes? Oder vielleicht doch zur Ehre des Menschen, die sich damit zeigen und beweisen wollten, was sie alles konnten? Weiß man das so genau? Kann man wirklich hinter das »warum« und »wozu« eines Menschen sehen? Und was für den Bau einer Kathedrale gilt, mag auch im kleineren Rahmen für den camino gelten – ob sich die Motivation immer so klar und eindeutig benennen läßt?

Es mag gut sein, daß es neben der offiziellen Begründung

immer noch die eine oder andere unbewußte gibt, auch wenn man sich die vielleicht nicht eingestehen mag.

Was mich überrascht, ist das Alter derjenigen, die hier auf dem Weg sind. Ich hatte vermutet, eher zu den älteren Semestern zu gehören – stattdessen bin ich in einem guten Mittelfeld. Die drei Französinnen, die heute im Bus zugestiegen sind, waren sicher 60 oder 65 Jahre alt, viele sind in meinem Alter, und ich habe bisher nur ganz wenige Zwanzigjährige gesehen.

Obwohl ich ja immer noch nicht übertrieben viel mache, bin ich nach wie vor müde. So war heute schon wieder Mittagsschlaf angesagt. Aber irgendwie kann ich's auch verstehen – das letzte halbe Jahr war chaotisch, da hab ich viel Kraft hineingegeben und ganz so einfach ist im Moment die Situation für mich ja auch nicht. Ich finde es schon anstrengend, jeden Tag neu alles zu organisieren, nicht zu wissen, was kommt, in einem Land, dessen Sprache ich kaum spreche, mit dessen Gebräuchen ich nicht vertraut bin.

Und doch – ich habe mich auf dem ganzen Weg, sogar mit meiner Knieverletzung, bisher noch kein einzigesmal gefragt: Was mach ich eigentlich hier? Das Unternehmen an sich war bisher noch überhaupt nicht in Frage gestellt – weder durch mein Erschöpft-Sein in den Pyrenäen, nicht durch die Schlamm- und Wasserstrecken, nicht durch die einsamen Abende in Puente, nicht durch die Schmerzen … ich bin auf dem Weg nach Santiago – und das stimmt so. Über das »wie« kann man dann ja gegebenenfalls nochmal nachdenken …

Burgos, 19.30 Uhr

Ich habe kurzerhand nochmal das Lokal gewechselt. Es ist in Burgos wohl wie überall auf der Welt – auf dem Domplatz zahlt man das Dreifache für das Bier – und man kann genausogut überall sein, aber nicht in Spanien. Neben mir Deutsche, rechts eine Gruppe Engländer – Touristen. Es ist schön zum Sitzen und Schauen – aber eben nicht anders als in Madrid, Paris, Köln oder London. Auf dem Weg zum Hotel habe ich eine kleine Bar gefunden – und hier bin ich wieder in Spanien: Einheimische, Zigarettenkippen und Papier auf dem Boden, Stierkampf im Fernsehen. So heimisch scheine ich nach einer Woche immerhin schon zu sein …

Burgos, 21.30 Uhr

Draußen ist der Bär los – alles Leben scheint sich wirklich ab 20.00 Uhr auf der Straße abzuspielen. Ich habe wenig Lust auf Bär – bin eher schon wieder müde. Und ich sehne mich danach, endlich mal wieder Natur und Stille erleben zu dürfen …

Mittwoch, 4.6.

Burgos, 10.30 Uhr

Heute morgen bin ich neben dem Straßen- und Baulärm von einem mir durchaus sehr bekannten Geräusch aufgeweckt worden: Es hat wieder mal geregnet. Irgendwie habe ich Spanien immer mit Sonne und warm verbunden, aber eigentlich nicht mit Pullover. Das bisher Überflüssigste, was ich mitschleppe, ist das Sonnenöl. Mit dem Laufen geht es ganz gut. Im Hotel eben war der Aufzug ausgefallen, so daß ich die Treppe gehen mußte. Ich bin zwar langsam, aber ganz normal die beiden Stockwerke runter und wieder hoch gegangen. Ob es wohl nochmal klappt mit dem Einstieg in den camino? Schön wär's schon …

Burgos, 13.10 Uhr

Draußen hat es sich inzwischen eingeregnet. Ich glaube, heute nachmittag muß ich mich mal ernsthafter mit dem Regenschutz für den Rucksack befassen.

Die Kathedrale ist sehr schön, aber innen ausgesprochen »voll« – ich habe viel Schönes entdeckt – aber man bräuchte Tage, um all das zu würdigen. Am meisten fasziniert hat mich der Blick in die Kuppel, ganz hoch und hell und licht. Den Andreas habe ich insgesamt dreimal gefunden, dazu den Jakobus – und eine Fülle von Bildern, Figuren und Kapitellen ... unüberschaubar ...

Die kleine Sankt Nikolaus-Kirche, direkt neben der Kathedrale, gefällt mir fast besser, dort kann ich den Hl. Jakobus um seine Wegbegleitung bitten, den Hl. Andreas darum, daß es vielleicht doch wieder mit dem Wandern klappen möge – und Gott, daß er mir meinen Weg zeigen möge.

Aber vielleicht hat es mir auch nur das kleine Schild angetan, das in vier Sprachen auf die Möglichkeit hinweist, gegen Einwurf einer Münze die Kirche zu beleuchten. Nur steht da in deutscher Sprache nicht »Beleuchtung«, sondern »Erleuchtung« – und der Versuch der Erleuchtung war mir durchaus 100 Peseten wert ...

Burgos, 18.30 Uhr

Ich feiere meinen Wiedereinstieg in den camino! Ich hab mich entschieden, morgen geht es von Burgos aus wieder los! Ich werde es langsam angehen, 9,5 km bis Tardajos, vorwiegend Straße, keine Steigung. Und bis Fromista sind die Refugios im bequemen 10 km – Abstand, das müßte doch irgendwie gehen. Ach, ich freu mich, daß es wieder losgeht, ich freu mich, daß die gelben Pfeile wieder meine Wegbegleiter sein werden ...

Bei Jean Vanier lese ich das Lied vom Gottesknecht: »*Er hatte keine schöne und edle Gestalt... durch seine Wunden sind wir ge-*

heilt.« In der Kathedrale sind mir Darstellungen von Jesus an der Geißelsäule aufgefallen, gemartet, geschlagen, gefoltert. Jesus selbst macht sich klein aus Solidarität zu all den Kleinen.

Er hatte nicht dadurch die Gewalt überwunden, daß er ihr auswich oder sie nicht zur Kenntnis nahm, sondern indem er sie annahm und dann in Zärtlichkeit und Vergebung umwandelte. Durch seinen zerbrochenen Leib werden wir, der Leib der Menschheit, wieder heil.

Mich erinnert das an die Stelle in der Eucharistie, wo die Hostie gebrochen wird: Christus im Brot, das geteilt wird, das zur Nahrung wird, das aber dabei selbst nicht »unverletzt« davonkommt, das sich hergibt und verteilt. Deswegen ist es wichtig, so schreibt Jean Vanier, daß auch der Auferstandene die Wundmale hat, daß er nicht ungezeichnet davon kommt, daß auch seine Jünger diese Wundmale sehen.

Er ist in die tiefste Dunkelheit, Einsamkeit, Ablehnung, Todesqual und Angst vorgedrungen, um mit den Tiefen der Finsternis, die in jedem von uns wohnt, in Berührung zu kommen, um uns aufzurufen, in dieser Welt der Dunkelheit, der Einsamkeit, der Ablehnung, der Todesqual und der Angst unterwegs zu sein – in der Hoffnung und der Zuversicht auf die Auferstehung.

Ich finde es tröstlich, was Jean Vanier da schreibt – und es wirft auch nochmal ein interessantes Licht auf die Tage, die hinter mir liegen. Was hat sich dadurch geändert, daß ich den Weg nicht wie vorgesehen am Stück gehen konnte? Ich habe mich mit meinen Grenzen arrangieren müssen, ich habe aus dem Gegebenen das Beste machen müssen, ich habe die Einsamkeit erlebt, und vielleicht bin ich auch verständnisvoller für all diejenigen geworden, in denen etwas zerbrochen ist – weil ich meine eigene Gebrochenheit erlebt habe und anschauen mußte. Und ich habe gelernt, daß der Weg nicht machbar ist.

Donnerstag, 4.6.

Villalbilla, 12.00 Uhr

»...und man verläßt Burgos ...« – so heißt es lapidar im Wanderführer. Heute morgen hat dieser einfache Satz für mich eine ganz tiefe Bedeutung. Es ist ein ganz eigenes Gefühl den Rucksack auf die Schultern zu nehmen, aus einer Stadt, einem Dorf aufzubrechen, loszuziehen, den Weg wieder unter die Füße zu nehmen. Aber meinen Aufbruch an diesem Morgen erlebe ich besonders intensiv.

Ja, ich bin wieder auf dem Weg – und es tut gut, die gelben Pfeile zu sehen, die den Weg weisen.

Tardajos, 15.30 Uhr

Es weht ein kalter Wind – immerhin, wir sind hier auf 800 m Höhe – und es ist halt doch erst Anfang Juni. Draußen zieht es ein bißchen zu – aber für heute ist mein Tagespensum erfüllt. Morgen werden wir weitersehen. Und auch vom Knie merke ich, es reicht für heute. Immerhin – die 10 km heute habe ich vorhin auch ein bißchen stolz eingetragen. Die waren für mich nicht selbstverständlich.

Der Ort hat aus meiner Sicht nichts besonders Reizvolles, wenn man mal davon absieht, daß er zehn Kilometer westlich von Burgos liegt, die Strecke hierher wirklich eben ist, und ich morgen gegebenenfalls auf den Bus umsteigen kann. Hier nisten noch nicht mal Störche – und denen traue ich inzwischen ausgesprochen viel Geschmack zu.

Die Bar unten ist gesteckt voll – und ich geb's zu, ich werde zunehmend neugieriger: Wovon leben die Menschen hier eigentlich? Wie mag das im Winter sein? Wovon existiert an solch einem Ort eine Apotheke? Und was bedeutet den Spaniern eigentlich dieser Stierkampf, der allabendlich übertragen wird? Es gibt so vieles, was ich nicht weiß und nicht verstehe …

Bei Jean Vanier habe ich gestern abend noch eine interessante Stelle gefunden:

Wenn Menschen ihre Familien, ihre Kultur und die ihnen vertrauten Wege verlassen und wie Abraham dem Ruf Gottes folgen, in ein fremdes Land aufzubrechen, werden sie auf Menschen stoßen, die anders sind, …, sie werden Verlust erleiden und eine Zeit der Trauer durchmachen. Sie tun sich nicht leicht, ihre Sicherheiten loszulassen, und sich stattdessen auf eine Welt einzulassen, die so anders ist und die so weh tut.

Tardajos, 21.10 Uhr

Lieben heißt nicht, vom eigenen Reichtum etwas abzugeben, sondern lieben heißt, den Mitmenschen ihre eigenen Reichtümer, ihre Gaben und ihren Wert aufdecken und an sie und ihre Entfaltungsmöglichkeiten glauben.

Leben schenken heißt: Voller heiligem Staunen und voller heiliger Verehrung vor dem Geheimnis des Menschen stehen; es heißt: in und jenseits aller Zerbrochenheit die Schönheit sehen.

Freitag, 6.6.

Hornillos, 16.00 Uhr

Die 10 km-Etappen sind im Moment gerade richtig für mein Knie – und das war eine schöne Etappe!!

Heute morgen entsprach mein innerer Schweinehund etwa der Größe eines Bernhardiners. In der Nacht hatte ich das Knie immer mal wieder gespürt – und die Verlockung war groß, doch auf den Bus umzusteigen. Das wunderschöne Wetter hat dann den Ausschlag gegeben – jetzt wird weitergelaufen, so ein Wetter läßt man nicht einfach so vorbeiziehen. Ein bißchen Angst hatte ich vor dem Abstieg nach Hornillos, der im Wanderführer als steil beschrieben wird. Aber ich muß es jetzt einfach probieren – vom Busfahren werde ich auch nicht schlauer, was das Knie im Moment verkraftet und was nicht. Also gut – gepackt und los.

Erster Zwischenhalt ist in der Bar, zwei Stockwerke tiefer. So wie man das Wetter nicht einfach an sich vorübergehen lassen sollte, sollte man auch die Chance eines Kaffees am Morgen nicht ungenutzt verstreichen lassen – zumal, wenn es dann auf der gesamten Strecke in dieser Richtung nichts mehr gibt. In der Bar treffe ich Doris und David, zwei Engländer, die heute morgen von Burgos gekommen sind. Doris hat auf ihrem Rucksack einen kleinen Teddy, als Pilger angezogen. Und die beiden freuen sich an meinem Pinguin auf dem Rucksack.

Ich zeige ihnen noch den Weg zum Lebensmittelgeschäft, dem letzten vor Castrojeriz – und treffe sie einige Zeit später dort auch noch. Die Verkaufsgespräche sind spannend, die Besitzerin hat Erfahrung mit Pilgern und fragt ziemlich routinemäßig alles ab, was man eventuell brauchen könnte. Ich kaufe nur Obst und Brot und will endlich die Dose Thunfisch verbrauchen, die ich schon seit Trinidad de Arre mit mir herumschleppe.

Mit Doris und David zusammen gehe ich los – ein ganz neues und ungewohntes Gefühl für mich. Und es muß ein schönes Bild gewesen sein, die beiden Rucksäcke mit Teddy und Pinguin nebeneinander.

In Rabanal wollte ich am Dorfbrunnen noch Rast machen – und ließ die beiden weiterziehen. Als eine Frau vorbeikommt, frage ich sie, ob die Kirche offen sei – sie nickt und winkt mir, mitzukommen. In der Kirche sitzen einige Menschen, die Kerzen brennen, ich bin grad mal wieder zum Gottesdienst zurecht gekommen.

Als ich die Kirche verlasse, hängen dunkle Wolken am Himmel – und ich denke noch, naja, irgendwann muß mich der Regen ja mal erwischen. Aber es bleibt trocken – der Wind ist zu stark.

Und so komme ich heute zu einer wunderbaren Wegstrecke – der Wind geht durch die grünen Getreidefelder wie Wellen auf einem Meer, ich laufe durch eine schier endlose Weite, alles blüht und ist kraftvoll grün, Sonne wechselt ab mit faszinierendem Wolkenspiel, der Weg ist einsam und schön. Ich spür mich weit – diese Landschaft und dieser Himmel lassen keine Enge zu. Ich schaue und bin und gehe …, komme zeitweise sogar in einen Rhythmus hinein. Fast scheint es mir, als ob es mich ginge …

Auf der letzten Anhöhe vor Hornillos treffe ich Doris und David, die gerade aufbrechen. Sie haben Lunch gemacht und dazu Tee gekocht. Mich fasziniert es, wie man mitten in Nordspanien auf dem camino so konsequent englische Lebensart praktizieren kann. Ich bleibe noch eine halbe Stunde dort auf der Anhöhe, Hornillos schon vor Augen – und der steile Abstieg erweist sich als Feldweg mit ein paar Steinen darauf, der ganz gemütlich bergab führt. In dem Moment zweifle ich ein bißchen an dem Schreiber des Wanderführers – da gab es schon Schlimmeres, ohne daß es im Wanderführer angekündigt war. Aber mir ist es sehr recht …

Hier in Hornillos bin ich im Refugio – das hat einer umgebaut, der was vom Pilgern versteht –, es gibt eine Küche, die zugleich Aufenthaltsraum ist, einen überdachten Wäschetrockenplatz. Im Moment sind wir noch zu sechst, so daß wir viel Raum haben: Therese und Francois, Doris und David, ein französischer Pilger, den ich auch schon einige Male getroffen habe, und ich. Therese und Francois sind hiergeblieben, sie wollten eigentlich noch bis Hontanas, aber Therese hat Beschwerden mit dem Bein. David hat offene Blasen am Fuß – sie wurden vorhin von Hortense, die für das Refugio zuständig ist, sehr liebevoll verarztet.

Hornillos, 17.00 Uhr

Die Kirche ist geschlossen – schade. Als ich um die Ecke gehe, stoße ich auf einen kleinen Friedhof, der vollkommen verwahrlost aussieht, alles ist rot vor Klatschmohn, zwischendrin Geröllhaufen – und doch hat die letzte Beerdigung hier erst im vergangenen Jahr stattgefunden. Von diesem Friedhof geht eine seltsame Atmosphäre aus … – Tod, Stein und Kreuz, vom Leben regelrecht überwuchert.

Hornillos, 18.00 Uhr

Die Lesung heute ist schön: *»Als Israel jung war, gewann ich es lieb, ich rief meinen Sohn aus Ägypten. Ich war es, der Efraim gehen lehrte, ich nahm ihn auf meine Arme. Sie aber haben nicht erkannt, daß ich sie heilen wollte. Mit menschlichen Fesseln zog ich sie an mich, mit den Ketten der Liebe. Ich war für sie da wie die Eltern, die den Säugling an ihre Wangen heben. Ich neigte mich ihm zu und gab ihm zu essen« (Hos 11,1.3-4).* Mir tut dieses zärtliche, mütterliche Gottesbild gut – und ich fühl mich getröstet und aufgehoben.

Hornillos, 22.00 Uhr

Wir haben uns einen netten Refugioabend gemacht, immer wieder mal zieht ein Gewitter über die Hochfläche hinweg – auch jetzt blitzt und donnert es heftig und ein kräftiger Regenguß kommt herunter. Mich stört es nicht, die Wege waren heute trocken und das Wasser wird schnell versickern. Und ich werde schon drei trockene Stunden abpassen, in denen ich die 10 km bis Hontanas hinkriege, zumal es nach gut der Hälfte des Weges noch eine Schutzhütte gibt.

David hat eine Art von Gemüseeintopf gekocht und mich zum Essen eingeladen, ich habe den Wein und den Käse dazugelegt – und irgend jemand kocht grad immer Kaffee.

Ich bin heute knapp an einem Sonnenbrand vorbeigekommen – das passiert mir auch selten. Aber durch den Wind hat man die Sonne gar nicht so gespürt. Jetzt bin ich doch ganz froh um die »Apres-sun-Creme«, die ich die ganze Zeit schon mitgeschleppt habe.

Hortense kümmert sich rührend um uns. Gleichzeitig wird es zunehmend offizieller, neben dem Pilgerausweis wollte sie auch den »pasaporte« sehen. Einige Grundnahrungsmittel werden gestellt, Milch steht im Kühlschrank, Nudeln sind da, Kaffeepulver, Zucker, Salz, … – das ist wirklich Gastfreundschaft, was wir hier erleben.

Vorhin hat sie uns noch die Kirche aufgeschlossen – und mir ging es wie so oft –, ich verliebe mich in ein Detail, irgendeine Kleinigkeit. Diesmal ist es eine Tür, die offensteht und durch die das Licht hereinfällt. Ich werde mich später wohl an nichts mehr von dieser Kirche erinnern – aber die offene Tür und das Licht, das auf dem Boden spielt, das werde ich nicht vergessen.

Samstag, 7.6.

Castrojeriz, 16.30 Uhr

Jetzt bin ich doch grad selbst überrascht – die 20 km von Hornillos bis hierher gingen besser als gedacht. Es war ein schöner Tag heute – die Landschaft ist faszinierend –, und die Einsamkeit über Kilometer hinweg ist beeindruckend. Nach der Weite eines solchen Tages tun die Enge und der Lärm in solch einem kleinen und vollen Refugio wie hier fast schon körperlich weh – mir wenigstens.

Wir tranken in Hornillos noch einen gemütlichen Morgenkaffee miteinander und haben uns herzlich voneinander verabschiedet. Ich wollte ja eigentlich nur bis Hontanas – und dann hätten wir uns nicht mehr gesehen. Die ersten Kilometer waren mühsam, das Wasser der Regengüsse war doch nicht weggesickert, sondern hat die Wege wieder in mittlere Schlammstrecken verwandelt. Es war mühsam und anstrengend, die Füße immer wieder aus dem Schlamm herauszuziehen, der zudem zentimeterdick an den Schuhen klebte und das Gehen schwer machte. Ich war als letzte aufgebrochen, sehe einige Zeit noch Therese vor mir gehen, die heute auch alleine läuft – aber dann scheint sie doch etwas leichtfüßiger durch den Schlamm zu kommen als ich. Mir ist jedenfalls vollkommen klar – diese Schlammschlacht mache ich nur bis Hontanas mit.

Schneller als erwartet bin ich dann doch in Sombal – im Wanderführer beschrieben als Notunterkunft für Pilger, immerhin mit Wasser und Bäumen, ohne Liegen, nicht sehr sauber. Naja, denke ich mir, immerhin wird man dort einen trockenen Platz finden, wo man den Rucksack abstellen kann. Am

Weg steht ein großer Wegweiser, der auf Sombal aufmerksam macht. Ich muß doch lachen: Irgendein Spaßvogel hat mit Hand dazu geschrieben: Cafe – piscine – cocina, also Kaffee, Schwimmbad, Küche. Daß die diese Rumschmierei aber auch nicht lassen können …

Das kleine Haus liegt ca. 150 m abseits vom camino. Als ich näherkomme, sehe ich hinter den Scheiben eine Bewegung, einen Moment lang kommt mir das Gespräch von gestern abend in den Sinn, in dem Hortense gesagt hat, man solle da nicht hingehen – wenn ich das Durcheinander von Spanisch, Englisch und Französisch richtig verstanden habe. Ein bißchen mulmig wird mir schon, aber dann denk ich, es sind bestimmt Doris und David, die Tee kochen – so eine Gelegenheit lassen die sich bestimmt nicht entgehen. Beim Näherkommen sehe ich, daß das irgendwie ein interessanter Bau ist, ein kuppelartiges Gebäude mit einem flachen Anbau. Als ich um die Hausecke biege, halte ich verdutzt inne: Auf einer Bank vor der Tür liegt, ordentlich aufgereiht, sauber gespültes Geschirr – und aus der Tür kommt eine junge Frau, begrüßt mich und fragt: »Do you want a cup of coffee?« Ich bin ziemlich verblüfft angesichts der Aussagen meines Wanderführers – und muß mich ein bißchen zusammenreißen, um ein höfliches »that would be fine!« hinzukriegen. Ich nehm den Rucksack ab und trete ein, immer noch leicht verwirrt. Drinnen finde ich mich in einer Art Küche und Eßzimmer wieder, auf einem Gaskocher brodelt Wasser in einem Topf, auf dem Tisch steht eine große Thermoskanne mit Kaffee. Rechterhand sind in einem großen Raum vier oder fünf Stockbetten, da gibt es einen mit Decken und Schnur improvisierten Kleiderschrank – alles sehr sauber und ordentlich. Und als ich nach links schaue, in diesen Kuppelbau, erinnert mich das sehr an eine Kapelle – hinten brennt in einem roten Glas eine Kerze, in der Mitte steht ein frischer Blumenstrauß, an der Seite steht ein großes Schachspiel, an der Wand ein großes Bild u. a. mit einem Templer darauf, die Kuppel selbst ist dunkelblau ausgemalt mit Sternen darauf, an den Stirnseiten jeweils ein unterschiedliches Kreuz. Und – jetzt packt es mich aber endgültig – aus dem Kassettenrecorder kommt Musik, und zwar Loreena McKennitt mit ihrem Lied »The dark night«, ihre Vertonung des Textes von Johannes vom Kreuz, »Die dunkle Nacht«, das eines meiner Lieblingslieder ist und mit dem ich daheim oft bei Kursen arbeite.

Du meine Güte, wo bin ich denn hier auf einmal hingeraten? Mitten in Nordspanien, in einer Senke der Hochfläche, Loreena McKennitt und die Templer, Kaffee und Kekse ... ich fasse es irgendwie nicht.

Wenn ich das Sprachengemisch richtig verstanden habe, hat sich Luis dieses »Notquartiers« angenommen und lebt den größten Teil des Jahres hier. Bei ihm sind einige Frauen, zumindest für einen Teil des Sommers – und der Hund, der grad neugierig zur Tür hereinkommt, scheint sich auch dazu gesellt zu haben.

Der Ort, die Atmosphäre hat was – dort hätte ich auch bleiben können – und wurde auch sehr herzlich eingeladen. Aber irgendwas ist mir auch fremd. So ziehe ich nach dem zweiten Kaffee wieder los, freundlichst verabschiedet und nicht ohne den Hinweis, daß die Strecke nach Hontanas aufgrund der Nässe schwierig zu gehen sei.

Übrigens: Nachdem sich schon der Kaffee und die Küche bewahrheitet hatten, war auch das Schwimmbad nicht gelogen – es war ein Brunnenbecken, mit 1 auf 2 Metern und 50 cm Tiefe sicher nicht allzu groß – aber immerhin. Dafür hatte es garantiert frisches Wasser.

Castrojeriz, 19.30 Uhr

Nach dem interessanten Zwischenspiel in Sombal kämpfe ich mich wieder zur Höhe vor – inzwischen war der Schlamm an den Füßen ein bißchen rötlicher geworden, man konnte an den Schuhen deutlich die beiden unterschiedlichen Schichten sehen. Aber immerhin – es ging halbwegs.

Und wieder einmal verliere ich mich in der Weite des Himmels, in das faszinierende Spiel der Wolken, der Unendlichkeit dieser Hochebene, der Farbenfülle der Blumen, dem Gesang der Lerchen, dem sanften und leisen Wind – als ich plötzlich zu meinem größten Erstaunen mitten in dieser Einsamkeit ein Auto fahren sehe. Richtig – irgendeine Landstraße mußte man ja vor Hontanas noch queren. Ich hole die Wanderführer heraus – und diesmal sind sich beide einig: Ca. 200 m parallel zum camino führt eine Landstraße nach Hontanas, zugegeben, es ist ein bißchen weiter – aber nach den letzten Kilometern durch den Schlamm bin ich überzeugt, daß die Straße bestimmt sicherer, angenehmer und vielleicht sogar schneller ist. Und für das Knie ist es möglicherweise auch die bessere Variante.

Als ich an der Straße ankomme und in einiger Entfernung auch noch einen Wegweiser entdecke, der in die richtige Richtung zeigt, ist die Entscheidung klar – ich wechsle auf die Straße. Ich habe schlichtweg keine Lust mehr auf Schlammkilometer…

Hontanas gibt sich verschlossen – die einzige Frau, die ich im Ort treffe, weiß anscheinend nichts von der Bar, die es dort geben soll, zeigt mir aber den Weg zum Refugio. Nur, das weiß ich ja selbst noch nicht, ob ich da hin will oder doch weitergehe. Ich drehe eine Runde durch's Dorf, ich treffe die Frau nochmal, die erneut auf das Refugio weist – und gehe wieder. An der öffentlichen Waage vor dem Ort mache ich Mittagspause – und breche auf. Also doch Castrojeriz …

Das ging dann besser und schneller als erwartet. Ich bin kurzerhand auf der Straße geblieben – am Vormittag habe ich was Wichtiges gelernt: Wenn der camino sich als Schlammweg erweist, dann gehe ich eben die Strecken, die auch die Radfahrer machen. Hauptsache, man kommt ans Ziel. Wenn ich die Lektion schon in den ersten Tagen gelernt hätte, wäre mir einiges erspart geblieben. Aber es ist schon interessant, wie fixiert man auf die vorgegebene Wegbeschreibung und -markierung ausgerichtet ist. Ich bin blind den gelben Pfeilen gefolgt – ohne zu überlegen, ob in der Situation vielleicht etwas anderes sinnvoller ist. Na gut – ich glaube, die Lektion sitzt …

St. Anton – ein altes verfallendes Antoniterkloster kurz vor Castrojeriz, durch das die Straße direkt hindurchführt – und in der Ferne am Berg die Stadt. Man sieht schon die Burgruine, erkennt die Kirchen. Schließlich der Weg durch eine Straße mit verlassenen Häusern – fast hat man den Eindruck, als ob man die Häuser hier an der Ostseite einfach verfallen läßt, um im Westen neue aufzubauen. Es macht einen traurigen Eindruck.

An der Plaza Mayor kommt mir der Refugio-Leiter entgegen, deutlich erkennbar an seinem camino-T-Shirt. Er nimmt mich regelrecht unter seine Fittiche, begleitet mich ins Refugio – und hier begrüßt mich die Pilgergruppe von gestern mit lautem »hallo« und Applaus. Ich war die letzte, die »eingelaufen« kam – und hatte ja dazu signalisiert, daß ich höchstwahrscheinlich in Hontanas bleiben würde. Es tut mir gut, die anderen wiederzusehen – und es tut mir noch besser, diese Tagesetappe geschafft zu haben.

Ich bekomme wieder Vertrauen, daß es geht.

Das Refugio hier ist hübsch und gut geführt – aber klein und voll. Wenn sich zwanzig Leute auf zwei Toiletten, zwei Duschen und eine Kaffeemaschine verteilen müssen, wird es zwangsläufig eng. Seife und Handtuch unter dem Arm lauert man darauf, daß die Dusche endlich frei wird. Und das nach der Weite eines solchen Tages …

Doris hat Pech gehabt. Sie hat sich den Fuß verknackst, der Weg von Hontanas hierher war eine ziemliche Qual für sie. Und wenn man sich im Refugio umschaut, dann gibt es fast keinen, der nicht irgendeine Verletzung hat, irgendwas verpflastert, verbindet, einschmiert.

Am Abend werde ich noch ziemlich verunsichert. Ich dachte eigentlich, es sei Samstag und der Gottesdienst wäre ein Vorabendgottesdienst. Und irgendwie scheint der Priester auch das entsprechende Sonntagsevangelium gelesen zu haben, wenn ich es richtig mitbekommen habe. Aber der Gottesdienst war nach sage und schreibe zwanzig Minuten vorbei – ohne ein Lied, ohne Gloria, ohne Predigt. Der Priester jagte durch die Liturgie, als ob er einen neuen Schnelligkeitsrekord aufstellen sollte. Als er sich die Nase putzte, hat er dabei einfach laut weitergebetet – und bei den Fürbitten kam die Gemeinde noch nicht mal dazu, ihr »wir bitten dich, erhöre uns!« fertig zu beten – spätestens bei dem Wort »dich« (wenn man es jetzt mal auf die deutsche Formulierung überträgt) hastete der Priester schon die nächste Bitte herunter.

Diese Art des Gottesdienstes ist mir fremd – und das hat eigentlich auch nichts mehr mit »Gottesdienst« zu tun, sondern irgendwas mit »Messe herunterlesen«. Ich bin nur froh, daß ich in Spanien auch schon andere Gottesdienste erlebt habe.

Am Abend treffen wir uns, vollkommen unverabredet, in der Bar – nun wird es unweigerlich der letzte Abend sein, den wir zusammen verbringen. Doris und David werden bleiben müssen – Therese und Francois sind schneller als ich.

Sonntag, 8.6.

Castrojeriz, 7.30 Uhr

Die Nacht war eher unangenehm. Der Italiener neben mir gab dauernd seltsame Geräusche von sich, jemand schnarchte, um sechs Uhr machten sich die beiden französischen Radfahrer zum Aufbruch bereit: Licht an, die Kaffeemaschine blubberte, lautes Rascheln von Plastiktüten. Irgendwann läßt der Refugio-Leiter klassische Musik laufen, kocht Kaffee – aber mir ist da alles zu eng und zu viel und zu laut, und ich verzieh mich in den Garten. Die schönste Szene heute morgen: Ein Mann, in einem richtig schön geblümten Schlafanzug, steht in der Küche und rasiert sich. Unter den Bedingungen wirkt es doch ein bißchen bürgerlich.

Als ich gestern noch mit Doris über Sombal sprach, erzählte ich zögernd von meinem Eindruck, daß es ein Ort mit einer Ausstrahlung ist, die möglicherweise auf schwache Menschen sehr anziehend wirkt. Und daß es vielleicht eine gewisse Stärke braucht, sich diesem Ort wieder zu entziehen, sich erneut auf den Weg zu machen. Doris sah mich erstaunt an – daß sei genau das, was Hortense an dem Abend im Refugio in Hornillos gesagt habe.

Itero de la Vega, 12.30 Uhr

Manche Entscheidungen treffe ich doch recht schnell. Am Ortsausgang von Itero sitzend, bin ich gerade noch Therese begegnet, und habe ihr signalisiert, es ist alles okay. Aber ich bin doch ziemlich müde, das Wetter sieht sehr nach Gewitter aus, beim Treppenruntergehen habe ich vorhin Schmerzen im Knie gehabt. Bis Fromista sind es noch 14,5 km, sicher vier Stunden

Gehzeit, eher mehr, wenn ich müde bin. Hier im Ort gibt es ein kleines, einfaches Refugio, in dem jetzt bestimmt noch kein Mensch ist – und die Aussicht auf einen Mittagsschlaf finde ich eigentlich auch nicht so schlecht. Und gegenüber ist die Bar Central mit Perspektive auf ein Bier und etwas Warmes zu essen. Ideal wär's natürlich schon, wenn ich hier alleine bleiben würde, aber wenn nicht, dann ist es auch okay. Und mit einem guten Mittagsschlaf werde ich die Nacht schon überstehen … was soll ich noch lang herumreden, ich bleibe hier.

Ich glaube, dieser halbe Ruhetag wird mir gut tun – und es waren immerhin 15 km heute, auch wenn es offiziell nur elf waren. Von Castrojeriz aus bin ich wieder auf die Straße gewechselt, die Strecke war zwar einige Kilometer länger – aber ich wollte dem Knie den Auf- und Abstieg ersparen, der mich auf dem direkten Weg erwartet hätte. So kam ich auf der Straße ganz gut in meinen Laufrhythmus, mußte wenig über den Weg nachdenken, konnte mich mit den Augen von Strommast zu Strommast hangeln, so daß es sich einfach ging.

Dann kommt die Stelle, an der ich unschlüssig werde: die Markierung, ein dicker, gelber Pfeil zeigt nach rechts, vollkommen anders, als in den Führern beschrieben – und ich meinte auch den Refugio-Leiter gestern abend so verstanden zu haben, daß man nicht nach Itero del Castillo gehen sollte. Aber bisher hat die Markierung immer gestimmt und war aktueller als die Führer. Und ob ich das gestern abend mit meinem wenigen Spanisch wohl wirklich richtig verstanden habe?

Ich traue der Markierung und biege rechts ab. Nach einem Kilometer komme ich in ein kleines Dorf – kein gelber Pfeil ist mehr zu sehen. Ich irre ein bißchen umher, lande schließlich mal wieder bei der Kirche, die von außen ganz hübsch aussieht. Ein netter Spanier organisiert den Küster, der extra für mich die Kirche aufschließt, die mich im Inneren aufgrund ihrer extremen Ansammlung von Kitsch etwas erschlägt – und als er dann noch freundlicherweise Musik einspielt, die mich an den Musikantenstadl erinnert, kann ich mich nur noch höflich bedanken und dezent den Rückzug antreten.

Vor der Kirche zücke ich mal wieder die Wanderführer – mir wird klar, daß ich eine Brücke über den Fluß finden muß. So kann ich jetzt immerhin nach der Brücke fragen – und einige nette Männer zeigen mir den Weg aus dem Ort hinaus – zurück auf die Landstraße. Was soll das denn jetzt, frage ich mich. Wozu um alles in der Welt der Umweg durch dieses Dorf hindurch?

Itero de la Vega, 17.00 Uhr

… und in dem Moment kam Piet in die Bar hinein. Er ist Holländer und macht den Weg schon zum siebtenmal. El camino, das ist wie eine Droge, sagt er. Aber jedesmal wäre es ein bißchen weniger, was den camino ausmacht, er würde zunehmend kommerzialisiert, sei nicht mehr das, was er noch vor sieben Jahren gewesen sei.

Ob ich auch den Umweg über Itero del Castillo gemacht hätte? Er wüßte jetzt, warum die Markierung dort oben anders war als im Führer angegeben. Ich schaue ihn fragend an. Ja, der Bürgermeister habe die Markierung geändert, damit die Pilger auch durch seinen Ort hindurch kämen. Und genau das meine er mit der Kommerzialisierung. Der Weg würde verzweckt. Ich kann nur den Kopf schütteln – das Dorf hat doch überhaupt nichts von den Pilgern – es gibt dort keine Bar, kein Geschäft. Im Gegenteil, die Pilger ärgern sich, wenn sie plötzlich im Ort stehen, keine Markierung mehr vorfinden, sich mühsam durchfragen müssen, um dann festzustellen, daß sie ganz umsonst zwei oder drei Kilometer gelaufen sind.

Und irgendwie, das ist doch ein Weg, der als Kulturdenkmal ausgezeichnet wurde – da kann doch nicht einfach ein Bürgermeister eines kleinen nordspanischen Dorfes – doch, er kann. Und eigentlich durchaus erfolgreich. Normalerweise wäre ich an diesem Ort vorbeigelaufen – so aber schreibe ich jetzt schon eine halbe Seite darüber ...

Piet kam übrigens aus der gleichen Motivation in dieses Refugio wie ich – weil es so einfach ist, ist es bei den Pilgern nicht sehr begehrt. Einen ruhigen Nachmittag haben wir jetzt schon mal gehabt – und einen wunderbaren Mittagsschlaf! Und plötzlich denke ich, auch das kann beim camino Sonntag bedeuten: Halbe Etappe, gut zu Mittag essen, ein Rotwein – und dann ganz einfach schlafen.

Heute bin ich übrigens noch einer neuen Sorte Hund begegnet, dem Pilgerhund. Drei andere Arten habe ich bisher kennengelernt: die großen Hunde, die sich fast umbringen, wenn man vorbeizieht – aber die sind in aller Regel an der Kette. Auch spanische Hundebesitzer haben keine Lust, dauernd irgendwelche Arztrechnungen zu bezahlen, nur weil ihr Hund schon wieder einen Pilger angefallen hat. Dann gibt es die Sorte der kleinen Kläffer – sie sind ein bißchen unangenehm, weil sie grundsätzlich hinter einem kläffen und man nicht sehen kann, was sie denn nun eigentlich vorhaben. Aber in dem Moment, wo man sich umdreht und sie scharf anspricht, weichen sie auch schon wieder einen Schritt zurück. Sie tun nur so, als ob ... und dann gibt es die liebebedürftigen Hunde, die sich mit eingezogenem Schwanz nähern, und um ein Streicheln, ein liebes Wort betteln. Achja – und die Arbeitshunde noch, die treu und gewissenhaft die Herden hüten.

Am Ortsausgang von Itero de la Vega gibt es eine halbhohe Steinmauer – und die Abfälle dahinter sprechen leider eine deutliche Sprache davon, daß hier häufiger Pilger rasten. Ich hielt auch dort an, nachdem ich zuerst die Bar nicht gefunden hatte, und suchte etwas im Rucksack. Und da kam er an, eine kleine braune Handvoll Leben, stellte sich erwartungsvoll neben mich, und schaute abwechselnd mich und den Rucksack an. Ich glaube, wenn ich irgendwas Eßbares dabei gehabt hätte – die Taktik hätte funktioniert.

Itero de la Vega, 21.00 Uhr

Es ist seltsam – immer wieder schießt mir beim Gehen irgendwas blitzartig durch den Kopf: Ach, das hattest du noch aufschreiben wollen – und schon ist es auch wieder vorbei. Manchmal ist sogar das Gehen zu schnell, um mit allen Eindrücken fertig zu werden. Manchmal muß man, wie heute nachmittag, einmal bleiben, um überhaupt halbwegs hinterherzukommen.

Ich erlebe die Spannung sehr lebendig in mir, alleine zu gehen, diesen Eindrücken im Tagebuch schriftlich Ausdruck zu geben – und mich dann mit anderen darüber auszutauschen, zu erzählen, Gemeinsames und Bestätigendes zu entdecken, aber auch Unterscheidendes. Aber je intensiver der Austausch, umso weniger bleibt für das Schreiben – es ist ja schon gesagt. Das finde ich spannend – wie notwendig braucht auch mein Schreiben daheim das Allein-Sein? Schreibe ich, weil ich viel allein bin? Schreibe ich, obwohl ich allein bin? Bin ich gerne allein, weil ich schreibe? Kann ich so gut allein sein, weil beruflich immer viel Menschen um mich herum sind? Wirkt sich eine bestimmte Arbeit möglicherweise auch auf die Lebensform aus? Zieht eine gewisse Lebensform eine andere Arbeit an sich? Und wie wirken sich intensiv gelebte Beziehungen auf die Arbeit und bei mir auch auf das

Schreiben aus? Ich bin mir noch unsicher – aber ich glaube, da gibt es Zusammenhänge.

Auf der eher langweiligen Straßenstrecke ging heute erstmals ein Psalmwort mit mir. Bisher blieb wenig Raum dafür, weil das Gehen selbst soviel Aufmerksamkeit erfordert hat, sei es, weil die Wege so schlammig waren, weil ich auf meinen Körper konzentriert war, oder weil es landschaftlich so wunderschön war. Auf dieser Strecke, auf der es sich einfach ging, hat mich der Psalm 84 begleitet, den ich so sehr mag.

Wohl denen, die Kraft finden in dir, wenn sie sich zur Wallfahrt rüsten. Ziehen sie durch das trostlose Tal, wird es für sie zum Quellgrund, und Frühregen hüllt es in Segen. Sie ziehen dahin mit wachsender Kraft …

Ich habe heute viel über diese wachsende Kraft nachgedacht. Bisher habe ich damit in erster Linie eine wachsende, körperliche Kraft verbunden – und das erlebe ich in diesen Tagen: Ich gerate nicht mehr gleich bei jedem Berg außer Puste, die Armmuskeln werden ein bißchen kräftiger, ich krieg den Rucksack anders hoch als noch in St.-Jean – und das liegt nicht nur daran, daß er zwischenzeitlich eine ganze Menge leichter geworden ist.

Spannender aber finde ich den Gedanken an eine wachsende innere Kraft. Und da gibt es nochmal zwei Akzente. Da gibt es eine Kraft, die kommt aus den gegangenen Schritten heraus, Paul hat es mal die »Kraft der Erinnerung« genannt. Wenn ich die Pyrenäen geschafft habe, dann werde ich wohl auch diesen Berg schaffen. Das ist sozusagen eine Art »faktische Vergewisserung«. Ich weiß um Möglichkeiten und Grenzen meiner selbst – und das macht mich mir meiner selbst bewußt – selbstbewußt.

Jeder Schritt ist aber auch eine Entscheidung gegen drei andere, mögliche, zu gehende Schritte. Wenn ich konsequent nach Westen gehe, mich gegen alle Verführung wehre, nach Norden, Süden oder Osten zu gehen, mich also zugleich für etwas und damit gegen etwas anderes entscheide – das erzeugt Identität. Ich entscheide mich – und ziehe damit Grenzen. Das gibt Profil. Je mehr solcher Entscheidungen ich treffe – und je grundsätzlicher diese Entscheidungen angelegt sind, umso deutlicher werde ich, umso deutlicher wird der Weg, weil manche Alternativen überhaupt nicht mehr in Betracht kommen. Damit aber konzentriert sich die Kraft. Im konsequenten Dahinziehen, auch durch trostlose Strecken hindurch, wird Kraft erzeugt. Jede Nicht-Entscheidung für den nächsten Schritt bindet Energie, jede sauber getroffene Entscheidung setzt Kraft frei.

Heute abend habe ich die erste Muschel auf den Rucksack genäht. Mir war klar, vor Pamplona kommt keine Muschel auf den Rucksack – und das Gefühl war ja wohl berechtigt. Muschelrucksack und Autobuspilgern – das hätte für mich nicht gepaßt. Jetzt habe ich immerhin schon über 100 km zu Fuß hinter mir, da darf die erste Muschel auf den Rucksack.

Es ist eine ganz kleine Muschel. Ich habe sie im letzten Jahr bei meinem Kurzurlaub in Norddeutschland gefunden – ich kam aus der Marienkirche in Lübeck, sah auf den holprigen Pflastersteinen etwas silbern blinken, bückte mich – und hielt eine kleine, silberne Jakobsmuschel in der Hand. Es war ein Knopf in der Form der Muschel – aber in der Situation war es für mich mehr als ein verlorengegangener Knopf. Es war wie eine Bestätigung: Geh nach Santiago!

Das erste Tagebuch neigt sich seinem Ende zu. Heute ist Sonntag – vor vierzehn Tagen habe ich die Pyrenäen überquert. Und da war der Abend in Roncesvalles mit Neville und Gerard. Vor einer Woche bin ich mit dem Bus im strömenden Regen von Puente la Reina nach Logroño gefahren. Heute bin ich wieder auf dem Weg. Am nächsten Sonntag wird León angesagt sein – und in vier Wochen bin ich wieder daheim. Einige, die ich auf dem Weg kennengelernt habe, sind hinter mir, einige mir voraus, ich erlebe mich im Strom derer, die vor mir und nach mir den Weg entlang ziehen. Mein Körper hat sich die Zeit genommen, die ich mir selbst nicht hatte gönnen wollen, um hier, in dieser für mich fremden Welt, dieser anderen Lebensform, anzukommen. Ich habe erfahren, daß ich den Weg nicht machen kann, sondern nur auf dem Weg sein kann. Ich bin dankbar geworden – und halte all das, was mir geschenkt wird, nicht für selbstverständlich. Es ist gut so, wie es ist – ich bin sehr zufrieden. Und so mögen auch einige Sätze von Jean Vanier am Ende dieses ersten Tagebuches stehen, in denen ich mich mit meinen Erfahrungen wiederfinde:

Es ist wichtig, sich Zeit zu lassen, und nicht gleich auf die Dinge loszustürzen. Der Kulturschock macht sich auf unterschiedlichste Weise bemerkbar, daher müssen auch die Menschen geduldig und behutsam mit sich umgehen. Sie müssen immer wieder daran erinnert werden, daß sie nicht hauptsächlich fürs MACHEN gekommen sind, sondern um das SEIN zu erlernen, und daß sie nicht wie ein Ingenieur kommen sollen, ausgerüstet mit dem Handwerkszeug des Wissens und der Theorie, um zu reparieren, was kaputt gegangen ist.

Sie müssen sich auf der Suche nach einem Geheimnis befinden, das wie ein Schatz im Acker verborgen ist: dem Geheimnis der kostbaren Perle; oder müssen wie ein Kind sein, das im Begriff ist, ein wunderschönes Geschenk zu bekommen – das Geschenk der zwischenmenschlichen Beziehung, das Geschenk der Freundschaft, das Geschenk des Lichtes, der Liebe und der Weisheit, das in den Herzen der Armen und Einsamen, der Kranken und Blinden und all derer verborgen ist, die verwundbar sind und nichts mehr zu verlieren haben. Sie müssen wie ein staunendes Kind kommen.

Montag, 9.6.

Boadilla, 10.30 Uhr

Jetzt bin ich aber grad selbst überrascht – in zwei Stunden von Itero de la Vega nach Boadillo – und dabei habe ich noch eine Viertelstunde Pause dazwischen gemacht. Zumindest auf den flachen Strecken scheine ich in den Pilgerschritt gekommen zu sein. Da läßt sich hier beruhigt Pause machen, wenn der Großteil der Tagesstrecke schon geschafft ist.

Eine ganz leichte Steigung gab es eben nochmal auf dem Weg – und auf der Höhe wieder einmal ein neuer Horizont. Dem Wanderführer nach wird es jetzt die nächsten Tage nur noch durch Ebene gehen. Auch heute hat der Führer bisher recht gehabt – 8,5 km Piste bis hierher, kein Schatten, ich war schon um 9.00 Uhr klatschnaß geschwitzt. Der Weg ging durch endlos weite Getreidefelder, eine grüne Weite um diese Jahreszeit – lästig waren die vielen kleinen schwarzen Fliegen.

Ich habe schlecht geschlafen, ich weiß auch nicht, warum. Um sechs Uhr morgens habe ich mich vors Refugio gesetzt und eine Zigarette geraucht – im Osten ganz schwach das Morgenrot, eine Fledermaus huscht an mir vorbei, oben am Himmel ein hell leuchtender Stern. Mir fällt das Schriftwort ein: »... *bis der Tag anbricht und der Morgenstern aufgeht in eurem Herzen.*« Wo steht das nochmal – und in welchem Kontext? Ich bin ganz froh, daß die Nacht vorbei ist, vor mir liegt ein neuer Tag, von dem ich nicht weiß, was er bringen wird, ich freu mich, habe ein bißchen Bammel, bin neugierig.

Plötzlich Szenenwechsel – als habe irgendwo ein Wecker geklingelt – Spatzen tschilpen auf der Straße umher, Schwalben segeln elegant durch die Luft – es wird Tag.

Fromista, 14.30 Uhr

Immerhin – ich bin schon geduscht, vor mir steht ein Bier, irgendwas zu essen ist bestellt – und angeblich soll ich in dem Nichtraucher-Zimmer auch rauchen dürfen, ohne daß der beeindruckende Rauchmelder an der Decke losgeht.

In Boadillo habe ich noch den Pranger gesucht, den der kleine Führer als so interessant beschrieben hat. Ob es diese ominöse Säule vor der Kirche war? Irgendwie – unter einem Pranger habe ich mir eigentlich was anderes vorgestellt. Man lernt auf dem Weg, auch mit »Lücken« zu leben – gerade die so interessante Kirche hat heute geschlossen, im Kloster hält man Siesta, dort wird renoviert – und so geht man halt weiter, auch wenn man unbedingt das oder das gesehen haben wollte – und auch nicht weiß, ob man in seinem Leben überhaupt nochmal hierher kommen wird.

Der Weg war schön – hinter Boadillo führte ein kleiner Graben am Weg entlang. Bei einem lauten Platschen bin ich ziemlich erschrocken, aber dann wurde mir schnell klar, daß hier Hunderte von Fröschen wohnen, die bei meinem Näherkommen eilig, und damit entsprechend laut, Hals über Kopf ins Wasser springen. Und es gab wunderschöne Libellen, in Farben, wie ich sie noch nie gesehen habe.

Der Weg ging am Kanal entlang, einem alten Bewässerungssystem. Die Strecke hat mich ein bißchen ans Emsland oder an Holland erinnert – und mir hat diese Nähe des Wassers gut getan. Es war einfach schön zu gehen … und tatsächlich, nach gut einer Stunde war ich in Fromista.

Als allererstes mußte ich meine bisher so sichere Überzeugung korrigieren, daß Störche nur dort wohnen, wo es hübsch ist: Hier nisten sie tatsächlich auch auf einem total langweiligen und unattraktiven Lagerhaus. Wohnungsnot bei Störchen? Alle

Kirchtürme bereits besetzt, Landen auf St. Martin nicht gestattet …? Wer weiß …

Fromista ist ausgesprochen hübsch, die Menschen hier sehr freundlich. Zur Abwechslung habe ich Abschied genommen vom einfachen Pilgerleben – und bin ins Hotel gezogen. Einmal nicht Schlangestehen an der Dusche, endlich mal wieder Platz haben, um den Rucksack ganz auszupacken und neu zu sortieren, ein Zimmer für mich alleine, …

Fromista, 15.30 Uhr

St. Martin ist die erste Kirche auf dem Weg, die mich sehr berührt hat. Es ist eine Kirche – und kein Museum. Die romanischen Formen sind schlicht und anrührend, klar und rein, ein schönes Kruzifix, eine interessante Pilgerfigur. In dieser Kirche fühle ich mich geborgen – und da hat auch die Vesper einen passenden Ort gehabt, endlich einmal.

Fromista, 19.30 Uhr

Als ich mir im Refugio den Stempel abholte, wurde ich mal wieder fein säuberlich registriert. Verloren gehen kann man hier als Pilger wirklich nicht – alle Spuren sind nachvollziehbar.

Auf der Straße kam mir ein »Pilger« entgegen, hoch bepackt und mit »walk-man«. Er fragte mich, wo das Refugio sei – und als ich antwortete, merkte er erst, daß er die Ohrhörer und seine Musik noch auf den Ohren hatte. Insofern ist der camino durchaus in einem guten und alten Sinne »katholisch« – es gibt nichts, was es nicht gibt.

Heute abend in Fromista bin ich wieder allein, andere, fremde Pilger. Es ist schön, mit Doris und David, Therese und Francois abends zusammen zu sein – aber ich muß meinen Weg gehen –, das kann auch heißen, von ihnen Abschied zu nehmen.

Mir wird deutlich, daß Pilgern heißt, sich an nichts Irdischem so festzumachen, daß dabei der Blick auf das Ziel verloren geht.

Plötzlich kommt mir wieder das gestrige Sonntagsevangelium in den Sinn: »Wer ist meine Mutter, und wer sind meine Schwestern und Brüder?« Und ich ahne ein bißchen was von der Wahrheit dieser so herben Schriftstelle. Wer sich für den Weg entscheidet, geht ihn letztendlich allein – Weggefährten mögen hilfreich und wichtig sein, aber sie nehmen das Gehen nicht ab. Und manches muß alleine gegangen sein, da stören andere nur. Könnte es sein, daß ein Gehen auf Gott hin auch eine gewisse Einsamkeit mit sich bringt – bei aller Gefährtenschaft? Daß Entschiedenheit auch ein bißchen einsamer macht?

Fromista, 21.00 Uhr

Irgendwas ist anders geworden…

Es mag sich verrückt anhören – aber ich laufe anders, ich stehe anders –, und irgendwas in mir ist weicher geworden. Fast hab ich das Gefühl, als ob etwas Erstarrtes, Verkrustetes neu ins Fließen gekommen ist, sich neu ordnet …

Eben im Gottesdienst hätte ich fast schon wieder weinen können. Das war ganz schön, ein sehr ansprechender Kirchenraum, ästhetisch wunderschön gestaltet, einzelne Kunstwerke, sicher unterschiedlicher Güte, eine faszinierende Kombination von Holz und Stein, von neu und alt. Ein junger Priester, der die Messe nicht lieblos herunterlas, sondern mit dem Herzen dabei war, während der Kommunion wurde Musik eingespielt – das ging mir sehr nah.

Anschließend hab ich mich in die Bar gegenüber gesetzt – und wußte, es ist richtig, daß ich heute abend nicht im Refugio bin. In der Stimmung kann und darf ich nur wenige und weniges an mich heranlassen – da bin ich sehr weich und verletzbar.

Fromista, 22.00 Uhr

Die Streckenaufteilung für die nächsten Tage paßt hinten und vorne nicht. Die offiziellen Etappen treffen mit teilweise kleinen Refugios zusammen in Orten ohne sonstige Unterbringungsmöglichkeiten. Ich geb das Planen jetzt schlichtweg auf und geh morgen früh einfach los. Und ich vertraue einfach, daß es sich im Gehen eher klären wird als im Sitzenbleiben und Nachdenken. Und eigentlich kenne ich das ja auch gut: Manchmal bleibt alle Planung Theorie und wird durch die aktuelle Situation vollkommen über den Haufen geworfen. Ich weiß nicht, wie morgen das Wetter sein wird, wie ich körperlich drauf bin, wie es sich läuft …

Im Gottesdienst heute abend gab es zwei schöne Schriftstellen: der Anfang des zweiten Korintherbriefes – »*Wer Anteil hat am Leid, hat auch Anteil am Trost*« – und die Seligpreisungen.

Selig, wer nicht mehr als nötig und möglich vorausplant, er wird …?

Wenn ich aufbreche und losziehe, wer oder was ist dann eigentlich dieser Gott für mich? Ein Gott, der mitten in allem Wandel bleibt, ein Gott, der sich mitwandelt – ein im Wandel bleibender Gott, ein sich im Bleiben wandelnder Gott? »*… und hat unter uns sein Zelt aufgeschlagen*« – die Zeile aus dem Johannes-Prolog in einer alternativen Übersetzung kommt mir in den Sinn. Vielleicht: Gott bleibt im Wandel, wandelt sich im Bleiben. *Geheimnis des Glaubens – deinen Tod, o Herr, verkünden wir, und deine Auferstehung preisen wir, bis du kommst in Herrlichkeit …* wandeln und bleiben, werden und sein – Einladung zur Nachfolge?

Was wandelt sich in mir, bei mir in diesen Tagen? Und was bleibt?

Fromista, 23.00 Uhr

Ich krieg's noch nicht ganz auf die Reihe – verwundbarer, berührbarer, weil ich stärker geworden bin? Stärker geworden, weil ich berührbarer geworden bin? Ist die Stärke die Berührbarkeit, die Berührbarkeit die Stärke?

Da gibt's doch irgendeine Schriftstelle: *Denn wenn ihr schwach seid, dann seid ihr stark.*

Es gibt ganz viele Schriftstellen, die dazu passen: die Seligpreisungen heute abend, *»selig seid ihr, wenn ihr arm seid, …«*, *»die letzten werden die ersten sein…«*, *»wenn ihr nicht werdet wie die Kinder…«* – Schwäche, Grenzen, Wunden, Gebrochenheit, Kleinheit werden zu Stärke, Weite, Liebe, Verständnis, Freiheit …

Es ist spannend – das Buch von Jean Vanier hat mich die ganzen Tage begleitet. Aber Textstellen, die ich vor einigen Tagen noch überlesen habe, werden mir im Moment wichtig. Andere, die ich angestrichen habe, sagen mir heute nichts mehr.

Irgendwas ist anders geworden …

Die Menschen warten auf jemand, der selbst verwundbar genug ist, um zu lieben, und so die kostbare Perle entdeckt.

Dienstag, 10.6.

Poblacion de Campos, 11.00 Uhr

Heute ist eindeutig nicht mein Tag. Ich habe zwar hervorragend geschlafen, aber irgendwie scheint der Wecker heute nacht mal ausgesetzt zu haben, oder ich hab ihn beim Stellen verdreht, ich bin jedenfalls erst um 8.00 Uhr aufgewacht – und dann war auch der Schweinehund wieder da. Er hatte zwar nur Dackelgröße heute morgen, aber er kläffte umso lauter: Es wäre doch auch ganz schön, mal wieder an einem Ort für einen Tag zu bleiben – zumal es draußen regnet.

In einer solchen Stimmung tut es mir gut, erst einmal in der Bar zu frühstücken, bevor ich irgendeine Entscheidung treffe. Orangensaft, Café con leche, ein Croissant – und als dann auch noch der Regen aufhört, sieht die Welt schon wieder anders aus. So gehe ich schließlich doch ans Packen.

Um Viertel nach zehn bin ich losgekommen. Die 3,5 km bis hierher gingen sich zwar flott – aber es war eine langweilige Strecke. Die Augen hangelten sich von Busch zu Busch, vom Überholverbotsschild zum nächsten Wegpfosten. Hier war schon die berühmte »Pilgerautobahn« zu bewundern: eine sauber angelegte Trasse für die Pilger, drei Meter parallel zur Straße. Vielleicht ganz praktisch, auf jeden Fall sicherer als die Straße – aber trotzdem irgendwie langweilig.

Villalcazar, 15. 00 Uhr

Die Strecke erforderte heute eine gewisse Beharrlichkeit und einen langen Atem. Es war nur Pilgerautobahn entlang der Straße. Und wenn es heiß gewesen wäre, hätte ich mein spätes Wegkommen ganz schön büßen müssen. So ging es (sich) ganz gut.

Ansonsten gibt es nichts Außergewöhnliches zu berichten. Das Kantabrische Küstengebirge tauchte, wie im Wanderführer versprochen, am Horizont auf – und heute hatte ich fast das Gefühl, alleine auf dem camino unterwegs zu sein.

Carrion de los Condes, 17.00 Uhr

Zu meiner großen Überraschung habe ich das erste Paar Wandersocken durchgelaufen. Vorhin lachte mich der linke große Zeh durch ein Loch an – und dem rechten Socken gebe ich noch maximal einen Tag. Ich hätte ja mit vielem gerechnet – aber daß solche Wandersocken richtige Löcher bekommen können, das hatte ich gar nicht in Erwägung gezogen.

Carrion de los Condes, 21.15 Uhr

Ich finde es faszinierend, fast jeder Gottesdienst, an dem ich hier teilnehme, hat irgendwas, was mich tief bewegt.

Ich hatte das Stundenbuch mitgenommen und wollte in der Santiago-Kirche die Vesper beten. Als ich um Viertel nach acht hineingehe, komme ich in eine dunkle Kirche. Nur im Altarraum brennen einige Kerzen. Undeutlich erkenne ich einige Umrisse und setze mich in eine Bank. Und ich denk noch, den Rosenkranz können sie auswendig, dazu brauchen sie kein Licht.

Ich schlage die Vesper auf und freu mich am Hymnus: »*Die Sonne eilt dem Westen zu*« – und denke an das, was Roland Breitenbach in seinem Santiago-Buch so schön beschrieben hat und was mir in den Tagen oft durch den Kopf geht: Der Schatten ist fast wie eine Sonnenuhr. Wenn ich nach Westen gehe, ist er am Morgen lang ausgestreckt vor mir, am Mittag ziemlich klein mir zur Seite, am Abend hinter mir. An der Länge und am Stand des Schattens läßt sich ungefähr ablesen, wie spät es gerade ist.

»*Ermüdet von des Tages Last …*«, auch die Zeile des Hymnus kann ich heute abend leibhaftiger beten als sonst – und ich bin mir sicher, daß mich die Zeilen zukünftig an diesen Abend in Carrion erinnern werden.

Ich blättere um und schmunzle – da ist die Antiphon, die mich vor gut einem Jahr so berührt hat: *Du kannst nicht Gott dienen und zugleich dem Mammon.* Damals stand ich vor der Frage, was Gott von mir will. Soll ich weiterhin freiberuflich auch im Wirtschaftsbereich arbeiten und entsprechend viel Geld verdienen – oder ist mein Ort bei den Menschen in dieser

Kirche. Und mit der Entscheidung für das Theologiestudium stand die Frage im Raum, ob es gerade dann sinnvoll ist, diese Kurse im Wirtschaftsbereich aufzugeben. Sollte ich sie nicht vielmehr dazu nutzen, um damit mein Studium zu finanzieren? Auch in der geistlichen Begleitung haben wir lange darum gerungen, wieviel Absicherung ich brauche, oder ob ich auch im Vertrauen auf Gott einfach loslassen kann. Nach einem solchen Gespräch habe ich abends die Vesper gebetet – und als ich umblätterte und genau die Antiphon fand, hat das den Ausschlag gegeben. *Du kannst nicht Gott dienen und dem Mammon.*

An den Abend denke ich zurück – und daß meine Entscheidung, nach Santiago zu gehen, damit zusammenhängt –, ich habe mich neu für Gott entschieden, für ein Engagement in dieser Kirche, das Theologiestudium – »I have new fallen in love to God – and I'm going to celebrate it!«.

Es ist viel, was mir da alles durch den Kopf ging. Und dann betete ich den Psalm 49 – »*Denn man sieht, Weise sterben, genauso gehen Tor und Narr zugrunde. Der Mensch bleibt nicht in seiner Pracht, er gleicht dem Vieh, das verstummt. So geht es denen, die auf sich selbst vertrauen. Der Tod führt sie auf seine Weide wie Schafe, sie stürzen hinab zur Unterwelt. Geradewegs sinken sie hinab in das Grab, die Unterwelt wird ihre Wohnstatt. Doch Gott wird mich loskaufen aus dem Reich des Todes, ja, er nimmt mich auf.*«

In der dunklen Kirche habe ich ein wenig Mühe, die Worte zu lesen – aber es geht gerade noch. Und als der Rosenkranz beendet ist, kann ich auch das Stundenbuch wieder in der Plastiktüte verstauen. In der Kirche herrscht andächtige Stille, nur unterbrochen vom Lärm draußen auf der Straße – und einem wissensdurstigen Pilger, die Jakobsmuschel auf der Brust, der die Kirche durchstreift, sich die Figuren ansieht, die Brille hervorzieht, um die Inschriften zu lesen. Manchmal wundere ich mich schon, daß die Menschen hier noch so freundlich zu uns Pilgern sind. Ich glaube, manchmal wird auch ihre Geduld und Toleranz auf eine harte Bewährungsprobe gestellt.

Als die anderen aufstehen, merke ich, daß der Priester eingezogen sein muß – irgendwie hatte ich das, weil ich sehr weit hinten saß, gar nicht so richtig mitbekommen. Und die Kirche blieb dunkel. Neugierig schaute ich mich jetzt näher um. Tatsächlich, in dieser Kirche gibt es kein elektrisches Licht. Und so wurde die Eucharistie in der Dämmerung gefeiert – eine Stimmung ganz eigener Art.

Bei der Lesung streift mein Blick durch die Kirche. Aufgrund der Dunkelheit kann ich nicht viel sehen – nur ahnen. Plötzlich stutze ich: Die alten Steinpfeiler, die das Dach trugen, stehen noch – aber das Gewölbe muß irgendwann einmal eingestürzt sein. Und als man die Kirche wieder aufgebaut hat, hat man das Gewölbe nicht wiederhergestellt, sondern ein Stahldach über die Kirche gezogen. Und so ragen die Pfeiler jetzt irgendwie ins Leere hinein, ihres eigentlichen Zweckes beraubt, und erzählen auf ihre Weise von der Vergänglichkeit menschlichen Tuns. Immer wieder zieht es meinen Blick zu diesen Pfeilern – und fast scheint es mir, als seien sie steingewordene Botschaft des Psalmes, den ich vorhin in der Vesper gebetet habe. Eine Kirche, die zur Ruine geworden ist, und der man dieses Ruinenhafte gelassen hat als Botschaft für die Menschen... die Botschaft der Vergänglichkeit allen menschlichen Tuns im Kontrast zur Ewigkeit des Reiches Gottes. Eine Kirchenruine im Dämmerlicht, in der Eucharistie gefeiert wird ... das berührt mich tief.

Im Wanderführer steht: »Die Kirche ist vor kurzem restauriert worden. Die Restaurierung ist umstritten.« – Ich bin dafür.

Mittwoch, 11.6.

Carrion de los Condes, 9.30 Uhr

Um 7.00 Uhr lachte mir die Sonne ins Gesicht, strahlendblauer Himmel, keine Wolke am Himmel zu sehen.

Eincremen, anziehen, packen – und dann mit Rucksack in den Gottesdienst. Und wirklich, jeder Gottesdienst hat hier was ganz Eigenes. Die Klarissen hier sind in Klausur. Wir sind zu dritt im großen Kirchenschiff, und hinter einem Gitterfenster an der Rückseite der Kirche sind die Ordensschwestern. An diesem Gitterfenster steht ein kleiner Holzaltar und der Priester zelebriert dort mit Blick auf die Schwestern, mit dem Rücken zu uns. Die Kirchenbänke stehen für uns drei damit verkehrt herum, wir müssen uns mit Sitzen, Stehen, Knien etwas umständlich umarrangieren. Aus dem Hintergrund vernehme ich die Stimmen der Schwestern, kann aber nichts sehen. Ich bin gespannt, wie es bei der Kommunion gehen würde. Kurz vorher schließt eine gesetzt wirkende, ältere Schwester irgendein Schloß auf und klappt einen großen, schweren Türflügel zurück, der sich vor das Gitterfenster schiebt. Der Priester nimmt die Hostienschale, öffnet an der Kirchenwand eine Tür, die mir vorher gar nicht aufgefallen war, und tritt in ein kleines erleuchtetes Kämmerchen, blau-golden tapeziert, mit zwei Bildchen darin. Und es öffnet sich eine kleine Luke in Gesichtsgröße – und nach und nach erscheint darin das Gesicht einer Nonne, die die Mundkommunion empfängt und dann wieder verschwindet. Es rührt mich irgendwie seltsam an. Irgendwas Numinoses, Geheimnisvolles ist damit verbunden, vielleicht auch Archaisches.

Mir geht das Evangelium nach, das ich heute morgen noch

schnell auf deutsch nachgelesen habe. Es ist die Stelle der Aussendung der Jünger: *Nehmt nichts mit auf den Weg, keine Vorratstasche, kein Geld, kein zweites Hemd!* Und das gerade heute, wo der Rucksack sicher 13 oder 14 kg hat – 2 Liter Wasser, Lebensmittel für tagsüber und abends. Nun gut, ich werde nachher 18 einsame Kilometer haben, um darüber nachzudenken.

Inzwischen hat sich der Himmel bezogen, es sieht sehr nach Regen aus. Also doch bis 10.00 Uhr warten, bis die Geschäfte öffnen, und noch eine Regenjacke kaufen?

Meine Versuche daheim, die Gore-Tex-Jacke zu imprägnieren, haben sich in den letzten Tagen doch als ziemlich unzureichend erwiesen.

Im Zweifelsfall frühstückt man zuerst – mit einem Kaffee und einem Croissant lassen sich Entscheidungen besser treffen.

Als ich in der Bar sitze, glaube ich meinen Augen nicht zu trauen – da kommt doch Therese über die Straße, die ich drei oder vier Tage vor mir wähnte. Tatsächlich – sie ist es! Wir begrüßen uns sehr herzlich, sind beide froh, einander zu sehen und zugleich ein bißchen überrascht. Sie ist in Fromista krank geworden, hat sich eine Infektion geholt und muß drei Tage pausieren. Der Arzt hat Antibiotika verschrieben – und eine Gruppe pilgernder spanischer Krankenschwestern, die mit ihr im Refugio in Fromista waren, hat sich rührend um sie gekümmert und sie auch mit dem Auto nach Carrion gefahren. Von hier aus will sie nachher mit dem Bus nach Mansilla fahren, dort hat sie sich mit Francois verabredet, der weitergelaufen ist. Und gerade vor zehn Minuten hat sie meine Adresse in ihr Notizbuch übertragen und noch gedacht, wo ich wohl sein möge.

Wir sind uns beide darin einig, daß diese Krankheiten ein wichtiges Signal des Körpers sind »to slow down«, das Tempo herauszunehmen. Und es ist schon überraschend, wie viele auf diesem Weg krank werden, Blessuren haben, die sie zum Innehalten zwingen. Und wenn man das so sieht, dann macht es wirklich keinen Sinn, es dem Körper noch schwerer zu machen, indem man sich dagegen auflehnt, sondern dann ist es ratsamer, sich in die Krankheit hineinzugeben und die Botschaft des Körpers zu verstehen zu versuchen.

Heute fährt also nun Therese mit dem Bus – und ich wandere weiter. Schon seltsam, wie sich das alles umdreht. Ich habe ihr den »Kleinen Prinzen« geschenkt, den ich in Puente gekauft habe, und in den ich seitdem doch nicht reingeschaut habe. Sie hat im Moment viel Zeit und hat sich sehr darüber gefreut. Sie hat ihn das erste und einzigemal vor sechs oder sieben Jahren gelesen – und ich kann mir denken, daß sie ihn jetzt anders lesen wird. Da hat mich meine Ahnung nicht getrogen: Irgendwann, irgendwo würde ich dieses kleine Büchlein sinnvoll verschenken können. Das war zwar nicht der Grund, warum ich es gekauft habe, aber immerhin der Grund, warum ich es nicht einfach irgendwo liegengelassen habe.

Calzadilla de la Cueza, 16.30 Uhr

Das war ein ganz, ganz schöner Tag heute – aber auch ein anstrengender. Römerstraßen mögen den Vorteil haben, daß sie alt sind – aber sie sind auch ausgesprochen stolprig. Am Schluß haben mir die Füße und die Beine doch ganz schön weh getan.

Spannend finde ich, wie sich meine Vorstellung von einer Landschaft, einer bestimmten Strecke von dem unterscheidet, wie es dann wirklich ist. Nach den Wanderführern hatte ich eine öde Landschaft erwartet, menschenleer, brachliegend, braun, vertrocknet. Und ganz sicher hat auch das Bild von Sieger Köder »Durch die Meseta« mit zu dieser Vorstellung beigetragen.

Stattdessen bin ich stundenlang durch grüne Getreidefelder gelaufen, an den Wegrändern blühen Blumen in einer Pracht und Vielfalt, daß man sie in deutsche Vorgärten verpflanzen könnte. Zwischendrin bin ich an diesem Unterschied zwischen Realität und Vorstellung fast irre geworden – und hab mich gefragt, ob ich hier wirklich durch die Meseta laufe? Das finde ich eine spannende Frage: Was mache ich, wenn meine Vorstellungen zerbrechen, sich die Wirklichkeit als vollkommen anders erweist?

Es ist wunderschön hier. Ich war lange Strecken allein, aber das erlebe ich nicht als belastend, ganz im Gegenteil. Ich war nicht einsam. Durch diese kultivierte Landschaft habe ich mich mit den Menschen verbunden gefühlt, die Pyrenäen waren da durchaus einsamer – und auch die Strecke zwischen Tardajos und Hontanas habe ich anders erlebt.

Heute waren die Weite und der Wind mit mir – angenehme Weggefährten durch den Tag. Der Wind hat die Wolken vertrieben, die in Carrion noch so drohend nach Regen ausgesehen haben. Und die Weite kann einen wirklich sehnsüchtig machen, sie öffnet mich. Über mir Wolkengebirge, Fetzen blauen Himmels, und wie selten zuvor spüre ich die Begrenztheit des Suchers der kleinen Kamera. Diese Weite läßt sich nicht einfangen – alles, was weitet, läßt sich nicht festhalten.

Die letzten Kilometer waren trotz aller Schönheit anstrengend. Irgendwann taucht eine Kirchturmspitze auf – aber auch das habe ich inzwischen gelernt: Was man schon sieht, kann noch eine gute Strecke entfernt sein. Ich bin ziemlich geschafft, und mir ist klar, heute geht nichts mehr. Kurz vor Calzadilla joggt von hinten plötzlich ein Mann heran, er hat zwei Trinkflaschen an den Riemen des kleinen Rucksacks festgemacht, aus denen er beim Laufen trinkt. Er pendelt seine Laufbewegung auf meine Schritte ein – und wir probieren mal wieder eine Unterhaltung auf spanisch-französisch-englisch. Er läuft seiner Gruppe nach, die er heute noch in Sahagun treffen will. Du meine Güte, das ist meine morgige Tagesstrecke ... und er joggt in 40-km-Etappen nach Santiago.

Bevor es nach Calzadilla hinabgeht, 200 Meter vor dem Ort halte ich inne. Noch deutlicher als in Hornillos, wo ich ja schon einmal auf einer Anhöhe saß und nicht so recht weiterziehen wollte, erlebe ich die Spannung in mir – ich will endlich in die Geschütztheit eines Refugios, will wissen, wo ich heute nacht bin – und kann zugleich diese Weite nicht verlasssen. Ich sitze eine halbe Stunde dort oben, schaue auf das Dorf hinab, bin müde, sehne mich nach einer Dusche – und komm doch nicht los von dort.

Schließlich raffe ich mich auf – eher verstandes- als herzmäßig. Das Refugio hat zu – und so suche ich die Bar, die es in diesem Ort geben soll. Sie ist nicht zu verfehlen. Die alten Pilgerstraßen ziehen gerade durch den Ort hindurch. Die Pilgerstraße wurde zur Hauptstraße. Aber die Bar ist vor allem deshalb nicht zu verfehlen, weil an einer Wegkreuzung die gelben Pfeile eindeutig nach links weisen, obwohl die Hauptstraße geradeaus geht, an der nächsten Gabelung zeigen sie nach rechts – und dann steht man vor der Bar. Eigentlich fehlt nur noch der gelbe Pfeil auf der Türschwelle, um einen in die Bar hineinzugeleiten. Ich bin ein bißchen neugierig geworden und gehe ein paar Schritte weiter – richtig, an der nächsten Kreuzung, geht der Pfeil wieder nach rechts, zurück zur Hauptstraße. Ich schmunzle ein wenig – es menschelt mächtig auf dem camino.

Als ich noch mit meinem Rührei mit Schinken beschäftigt bin, kommen zwei junge Amerikaner und holen sich den Schlüssel fürs Refugio.

Als ich etwas später hingehe, sind zwei Pilger mit ihren Pferden angekommen. Sie sind Anfang April in Lüttich gestartet, eine junge deutsche Frau, ein älterer Belgier, zwei sehr ruhig und abgeklärt wirkende Pferde. Bis jetzt haben sie ungefähr 2000 km zurückgelegt. Die Pferde weiden auf einer kleinen Wiese hinter dem Refugio, ab und an dringt ein Schnauben oder Wiehern zu uns herauf – schön! Dafür lohnt sich auch die Refugio-Übernachtung.

Hier sind wir wirklich allereinfachst untergebracht, auf dem Boden liegen ziemlich dreckige Matratzen, es gibt nur kaltes Wasser, keine Küche – aber zu kaufen gibt es ja eh nichts. Na egal, die Nacht werden wir irgendwie rumkriegen – und in Sahagun ist wohl endgültig ein Ruhetag angesagt.

Tagsüber habe ich viel über die Schriftstelle nachgedacht. Nehmt nichts mit auf den Weg! Das ist herb. Da haben die Jünger endlich den gefunden, dem sie folgen wollen – und dann schickt der sie wieder weg. Und das unter erschwerten Bedingungen: Nehmt nichts mit! Sie liefern sich aus – da ist nichts, an dem sie sich festhalten können –, sie werden abhängig von dem, was die Menschen aus ihrer Botschaft machen, was sie ihnen geben. Nicht einmal Erfolg wird prophezeit – nein, es wird Menschen geben, die sie nicht aufnehmen, nicht hören wollen. In gewisser Weise sind die Jünger nackt und bloß, als sie losgehen, sie machen sich berührbar, verletzbar – immerhin: bekleidet mit Vollmacht. Aber was ist das? Und schafft es ausreichend Selbstbewußtsein, um sich zu lösen von dem, was einem bisher Sicherheit gegeben hat? Ich denke an meinen Alltag zuhause – und bin sehr nachdenklich heute abend. Bin ich wirklich bereit, mich so zu den Menschen senden zu lassen? Oder meine ich immer noch, mich absichern zu müssen? Und wie gehe ich damit um, wenn Menschen mich nicht aufnehmen wollen?

Calzadilla de la Cueza, 20.00 Uhr

Es ist eine kleine und gemütliche Gruppe im Refugio – wir sind zu sechst – und die beiden Pferde natürlich. Die »US-Boys« und den jungen Deutschen werde ich kaum wiedertreffen, das sind eher »Schnellgeher« – und auch die beiden »Reiter« machen mit ihren Pferden 30 km am Tag – obwohl sie nicht reiten. Das war für mich verblüffend, aber sie laufen tatsächlich seit sechs Wochen neben ihren Pferden her, weil sonst das Gewicht für die Tiere zu groß wäre. So tragen die Pferde das Gepäck und das Futter, und sie führen die Pferde. Das hätten sie gelernt, sagen sie – beim nächsten Mal würden sie ein Handpferd für das Gepäck mitnehmen. Ich schmunzle ein wenig, als ich im Gästebuch des Refugios die Eintragung des Belgiers entdecke. In der Spalte, wie man denn hierher gekommen sei, steht ganz stolz »a caballo – zu Pferd«. Vielleicht wäre in dem Fall »mit Pferd« ein bißchen stimmiger.

Vorhin hat es mich noch einmal hinausgetrieben auf die kleine Anhöhe, wo ich heute nachmittag schon gesessen bin. Dort habe ich die Vesper gebetet. Ich habe den Wind gespürt, der mich den ganzen Tag begleitet hat, ich konnte mich in der Weite verlieren, habe den Wolken nachgesehen – und ich spüre wieder, wie mich diese Weite anzieht und selbst weit macht.

Als ich wieder ins Dorf hinuntergehe, bin ich fast ein bißchen traurig, daß diese so intensiven Tage des Allein-Seins nun bald vorbei sein werden. Mit Christiane wird es anders sein. Solche Tage wie heute wird es nicht mehr viele geben. Aber es ist gut so.

Inzwischen sitze ich in der so hervorragend ausgeschilderten Bar und warte auf mein Abendessen. Mir fällt der Unterschied zu Deutschland auf, was Körperdistanz bzw. -nähe angeht. Es ist durchaus nicht ungewöhnlich, daß einen die Frau im

Lebensmittelgeschäft zum Abschied einfach umarmt. Im Gespräch miteinander stehen Spanier viel näher beieinander als es Deutsche tun würden. Und man faßt den anderen eher an. Ich habe ein großes Distanzbedürfnis – aber interessanterweise stört mich hier das Angefaßt-werden überhaupt nicht. Ich erlebe es einfach als einen Unterschied der Kulturen, den ich gut zulassen kann. In Deutschland würde ich manchmal schon heftig und abwehrend reagieren – da würde ich vielleicht als Anmache erleben, was hier als freundliche Nähe gemeint ist. Und ich erinnere mich dunkel an das Buch von Carmen Rohrbach – sie schreibt, daß sie sich oft »angemacht« gefühlt hat durch Gesten der Autofahrer auf den Straßenstrecken. Das ist eine Erfahrung, die ich bis jetzt überhaupt nicht teilen kann. Ich werde nicht angemacht – und ich habe bis jetzt auf der gesamten Pilgerreise nicht einen Augenblick Angst gehabt – wenn man mal von der Pariser Metro absieht. Und fast, als wolle er es mir beweisen, kommt in dem Moment der Besitzer der Bar auf mich zu und faßt mich am Arm, um mich darauf aufmerksam zu machen, daß jetzt der Speisesaal geöffnet ist.

Bei Jean Vanier finde ich noch eine Deutung meiner Erfahrungen der letzten Tage:

Die Schönheit und Zerbrechlichkeit dieser Erfahrung birgt auch den Schmerz. Wenn unsere Liebesfähigkeit geweckt ist, wird in uns wach, was am tiefsten sitzt, und das schließt unsere Verwundbarkeit und unser Feingefühl mit ein. Liebe ist behutsam und schön, aber sie bringt auch eine schreckliche Angst mit sich: … Angst, verletzt zu werden, denn lieben heißt verletzlich werden, lieben ist immer Risiko.

Wenn wir etwas herstellen, ist das Erzeugnis faßbar; uns gehört das Produkt, uns gebührt der Ruhm. Wenn wir hingegen anderen Leben schenken, lassen wir uns auf Risiko und Unsicherheit ein, denn uns gehört dann kein Produkt und auch kein Ruhm. Wir haben lediglich Vertrauen und Gemeinschaft mit dem anderen, mit dem wir gemeinsam Bande der Liebe entdecken, einen Bund, den Gott uns schenkt.

Wir werden zu Pilgern, die in einem herrlichen Land unterwegs sind, aber nicht wissen, wo der Weg sie hinführt. Wir können uns nur der Liebe und der Gegenwart Gottes gewiß sein, dem Ruf, uns ihm zu überlassen und uns der Führung seiner treuen Liebe anzuvertrauen.

Donnerstag, 12.6.

Calzadilla de la Cueza, 8.10 Uhr

Frühstück in der Bar ist angesagt – durchaus angenehm. Am Nebentisch sitzen die beiden Reiter, draußen vor der Tür stehen die Pferde, gesattelt und bepackt. Die anderen lagen noch in ihren Schlafsäcken, als ich losging. Sie werden mich mit ihrem jugendlichen Elan heute irgendwann sicher überholen.

Normalität ist in den Pilgeralltag eingekehrt – es gehört zum Tagesprogramm, morgens zu packen, wieder aufzubrechen, bei der Routenplanung Bars und Einkaufsmöglichkeiten zu berücksichtigen, auf dem Weg zu sein, irgendwo anzukommen, sich ein Quartier zu suchen, das Notwendige zu organisieren – um dann am nächsten Morgen wieder aufzubrechen. Und ich ahne allmählich auch darum, daß eine solche Art des Unterwegs-Seins süchtig machen kann – wenn man sich so in den Weg hineingibt, daß man das Ziel aus den Augen verliert. Dann wird man wirklich zum Abenteurer, zum Vagabunden. Für den

Pilger ist der Weg wichtig – aber er verwechselt den Weg nicht mit dem Ziel. Er bleibt ausgerichtet auf das Ziel. Ohne Ziel schweift *»der unruhige Geist umher und findet nicht mehr heim:«* Das ist doch auch irgendeine Schriftstelle – wo steht das denn noch?

Heute ist Sahagun angesagt, 22 km – aber sie sind irgendwie überschaubarer als der gestrige Tag, weil immer wieder Ortschaften am Weg liegen.

Sahagun, 15.30 Uhr

Irgendwann mußte ja mal was schiefgehen. Wenn ich den Zettel an der Tür des Refugios richtig verstanden habe, ist es geschlossen – Fiesta in Sahagun. Die Böllerschüsse, die ich vorhin gehört habe, waren das Zeichen dafür, daß jetzt die Stiere durch die Straßen laufen. Die Zäune, die ich vorhin mühsam umgangen und überstiegen habe, waren die entsprechenden Absperrungen.

Und eigentlich reicht es mir für heute wirklich mit den 22 km.

Es gibt jetzt drei Möglichkeiten: zu versuchen, hier irgendwo ein Bett zu bekommen, den Zug nach León zu nehmen und mir damit auch diese langweilige Pilgerautobahn zu ersparen – oder zum nächsten Refugio zu gehen, das 5 km entfernt ist und möglicherweise überfüllt ist, weil alle Pilger, die hier nicht unterkommen, wohl dahin weiterziehen werden.

Um 16.00 Uhr macht die Tourist-Information auf. Solange warte ich noch …

Calzada del Coto, 18.00 Uhr

Sahagun bleibt unbesichtigt. Die Tourist-Information machte auch um 16.00 Uhr nicht auf, die Hostals waren aufgrund der Fiesta belegt, die Ordensschwestern, die ich auf der Straße ansprach, wußten auch keine Möglichkeit – und so bin ich eben weiter. Und das sogar in einem guten Tempo – 5 km die Stunde. Ärger scheint mich schnell zu machen.

Hier im Refugio, wieder sehr einfach, sind wir zu dritt bzw. zu fünft. Die zwei »Reitersleute« mit ihren Pferden sind auch da. Immerhin gibt es warmes Wasser, wenn man den Boiler anstellt.

Irgendwas muß ich in Sahagun falsch verstanden haben – wenn es dort keine Übernachtung für Pilger gäbe, müßte es hier gesteckt voll sein.

Immerhin – damit hätte ich für morgen 5 Kilometer weniger – oder die dumme Situation, daß 13,5 km bis zum nächsten Refugio fast ein bißchen wenig sind, andererseits nochmal 27 km ein bißchen viel. Aber die Entscheidungen von morgen entscheiden wir morgen.

Calzada del Coto, 20.30 Uhr

Heute ist ein Tag, an dem einiges schiefläuft. Für heute abend war die letzte Telefonabsprache mit Christiane vereinbart. Das wäre natürlich von Sahagun aus überhaupt kein Problem gewesen. Hier finde ich erst nach langem Suchen die öffentliche Telefonzelle – und sie funktioniert nicht. Und es ist die einzige Telefonzelle im Umkreis von 5 km – und ich kann mich eben nicht einfach ins Auto setzen und woanders hinfahren. So ein Mist aber auch. Wir müssen klären, wann wir uns wo treffen – schließlich muß Christiane noch ihre Zugfahrkarte kaufen – und was sie noch von Deutschland mitbringen soll. Und dann funktioniert das Telefon nicht ... – es hilft alles nichts, ich bin schlicht und ergreifend zum Nichts-Tun verdammt. Und in Würzburg sitzt Christiane und wartet auf meinen Anruf ...

Also – Abendessen. Es ist ein bißchen improvisiert. Ich sitze auf der Regenjacke im Gras vor dem Refugio, hier gibt es noch nicht mal Stühle. Mit dem Taschenmesser, das mir Albin auf die Pilgerfahrt mitgegeben hat, schneide ich Brot und Wurst, heute abend bewährt es sich wirklich. Eine Dose Thunfisch, der Rotwein – es ist ein kleines Fest. Ich weiß zwar überhaupt nicht, was ich feiere, aber ich erlebe diesen Abend als Fest, ganz mit mir allein.

Ich freu mich am Leben – und scheine ein bißchen anstiftend zu sein. Zu mir gesellt sich ein hübsche Jagdhündin, die ihre Lust am Leben mit dem Schinken verbindet, der vor mir im Gras liegt. Ich werde schwach – aber es macht mir auch Spaß, ein bißchen schwach zu werden. Die Hündin ist sehr vornehm und zurückhaltend, aber dann nimmt sie doch die Scheibe Schinken sehr behutsam aus der Hand. In einem unbewachten Moment klaut sie die Abfalltüte und verstreut ihren Inhalt auf dem Kinderspielplatz. Ich schimpfe ein bißchen – aber ich bin selbst schuld. Auch ein Hund ist nur ein Hund. Es war mein Fehler, ich kann nicht einen Hund mit einer gutriechenden Abfalltüte allein lassen.

Hier ziehen die Herden am Abend vorbei, das ist ein schönes Bild. Vorhin eine Herde Kühe, dann die Schafe – eine Herde von rechts nach links, die andere von links nach rechts.

Freitag, 13.6.

El Burgo Ranero, 16.15 Uhr

Der belgische Reiter hat mir gestern abend noch sein Funktelefon zur Verfügung gestellt, so daß ich um 22.30 Uhr Christiane wenigstens benachrichtigen und einen neuen Telefontermin ausmachen konnte. Ich find das schon irgendwie verrückt – von einem kleinen Ort in Nordspanien per Funktelefon mit Würzburg zu telefonieren …

Heute morgen habe ich mich von den beiden Reitern verabschiedet – ich bin gespannt, ob ich sie nochmal treffen werde. Ich freue mich, daß nur eine halbe Wegetappe vor mir liegt – und nachdem ich nun schon mal in Calzada bin, habe ich mich entschieden, die alte Römerstraße zu nehmen, die von hier aus parallel zur neu angelegten Pilgertrasse verläuft.

Am Ortsausgang gabelt sich die Straße, obwohl im Führer steht, es gehe immer geradeaus. Markierungen sind keine zu sehen – so orientiere ich mich nach links.

Es ging sich schwer diesen Morgen – ich weiß auch nicht warum. Aber ich mußte um jeden Schritt kämpfen – um nach ca. drei Kilometern vor einem Maschendrahtzaun zu stehen, der den Weg kreuzt. Mitten im Weg ein Zaun – ich faß es nicht. Hinter dem Zaun befindet sich die Großbaustelle der neuen nordspanischen Autobahn – selbst, wenn ich irgendwie über den Zaun rüberkäme, stünde ich mitten in der Baustelle, zwischen Lastwagen und Planierraupen …

Nein, denke ich, es darf ja wohl nicht wahr sein – gerade an diesem Morgen, wo mir jeder Schritt so unsagbar schwer fiel, ich froh war, nur eine kleine Etappe von 13,5 km vor mir zu haben – und jetzt das. Ich laß einen mittleren Fluch los – nach dem gestrigen Tag tun mir die Füße, die Knie weh –, und ich bin müde. Und jetzt habe ich mich schon drei Kilometer durchgekämpft, nur um festzustellen, daß ich mich verlaufen habe.

Aber es hilft alles nichts, ich muß zurück. Und ich habe auch keine Lust mehr auf weitere Experimente, ich bin physisch und psychisch am Ende. Vor gut zwei Kilometern habe ich eine Brücke gesehen, die über die Autobahn führt, und auf der anderen Seite in die Pilgertrasse mündet. Also gut, seufzend kehre ich um – und gehe das erstemal in diesen Tagen nach Osten.

In der Ferne sehe ich die beiden Reitersleute mit ihren Pferden über die Eisenbahnbrücke gehen, die im Führer auch angekündigt war – wenigstens sie haben sich an der Weggabelung richtig entschieden.

Direkt nach der Autobahnbrücke steht an der neuen Pilgertrasse eine Bank. Ich mache eine Zigarettenpause und denke nach. Jetzt bin ich 1 1/2 Stunden gegangen – und das ist mir heute morgen wirklich schwer gefallen – und bin grad zwei Kilometer von dem Ort entfernt, wo ich letzte Nacht geschlafen habe. Und vor mir liegen 13 km langweilige Pilgertrasse – mir ist vollkommen unklar, wie ich die hinkriegen soll in dem Zustand, in dem ich bin. Ich denke noch: Beim Pilgern ist es wie im Alltag – immer gehen gleich drei Sachen schief, nie nur eine. Kein Quartier in Sahagun, das kaputte Telefon, heute morgen das Verlaufen. Jetzt wäre es eigentlich an der Zeit, daß diese Pechsträhne aufhört. Und, es fällt mir grad auf – es ist tatsächlich Freitag, der 13. –, ich bin nicht abergläubisch, aber das verdutzt mich jetzt schon.

Die nächste Bank gehört schon wieder mir – und ich denk mir, wie soll das heute nur werden? Ein Pilger kommt vorbei, lacht mich an, bittet mich um eine Zigarette und setzt sich zu mir. Martin kommt aus dem Elsaß und spricht deutsch, so ist zur Abwechslung die Sprache kein Problem. Ich muß lachen, Martin ist der erste Pilger, den ich mit Regenschirm sehe. Er kontert, daß ich die erste Pilgerin mit einem Reiseaschenbecher sei, mit Regenschirm gäbe es noch einen. Wir kommen ins Gespräch – und dann fragt Martin behutsam, ob wir vielleicht ein Stück miteinander gehen wollen. Mir ist es in meiner Situation nur mehr als recht, mit jemandem zusammen zu gehen – und wenn man mal von den zwei Kilometern von Tardajos aus absieht, die ich mit Doris und David gegangen bin, so ist es für mich das erstemal, daß ich mich auf ein solch gemeinsames Unterwegs-Sein einlasse. Auch für Martin ist es das erstemal, daß er mit jemandem zusammen geht.

Martin wurde für mich zur Rettung an diesem Tag, ohne ihn wäre es ein Kampf gewesen, so lockert sich mein Gehen allmählich wieder. Er legt ein ziemliches Tempo vor, aber das zieht mich gut mit. Und die Gespräche werden zunehmend dichter und intensiver – es paßt zusammen.

Im nächsten Ort suchen wir die Bar – auch das verbindet uns: Wir gehören beide nicht zu den Menschen, die auf einer solchen Wanderstrecke eine Bar einfach links liegen lassen und auf den damit möglichen Kaffee verzichten. Martin hechtet noch dem wegfahrenden Brotwagen hinterher, weil es in der Bar kein Bocadillo gibt und kommt nach einiger Zeit mit Brot, Käse und Nektarinen zurück – er hat sogar einen kleinen Laden entdeckt. Und so sitzen wir in der Bar, bei café con leche, Käse, Obst und Brot – und verstehen uns bestens.

Hatte ich gestern noch gedacht, du meine Güte, nur noch drei Tage allein unterwegs, so bin ich heute froh um die Begleitung. Die nächsten fünf Kilometer gingen sich gut – nachdem wir uns in der Bar noch gegenseitig offenbart hatten, daß jeder meinte, der andere geht eigentlich ziemlich schnell. Nachdem wir das wußten, konnten wir das Tempo gut rausnehmen – und es blieb genug Luft zum Reden – und geredet und gelacht haben wir viel.

Als nach gut einer Stunde eine Bank kommt, schlage ich eine Zigarettenpause vor – und plötzlich nimmt mich Martin in den Arm und küßt mich ausgesprochen geübt. Hoppla, denk ich noch – der geht aber auch ganz schön ran. Und dann habe ich erstmal gar nichts mehr gedacht. Ich war ein bißchen überrascht, aber nicht unangenehm berührt – im Gegenteil. Nach diesen drei Wochen des allein Unterwegs-Seins tut es gut, sich einmal bergen zu können, sich in das Gehalten-Sein und die Wärme anderer Arme hineingeben zu können – und gleichzeitig spüre ich, daß es in mir keine Gänsehaut- und keine Fahrstuhlgefühle auslöst, ich nicht in Gefahr bin, mich zu verlieren. Es ist einfach gut und schön – und vollkommen in Ordnung so. Ich bin dankbar für diese Zärtlichkeit, und an keinem anderen Tag meines Unterwegs-Seins hätte ich sie so notwendig gebraucht. Und fast scheint es mir, als ob diese Begegnung mit Martin auch so eine Art Geschenk ist.

Das Refugio hier ist sehr schön und füllt sich zunehmend mit Pilgern, die Sahagun angesteuert haben und dort vor verschlossenen Türen standen. Von Martin hatte ich schon erfahren, daß Doris und David wieder auf dem Weg sind – aber als die beiden vorhin zur Tür reinkamen, habe ich doch einen mittleren Schrei losgelassen. Doris' Fuß ist soweit ausgeheilt, dafür humpelt jetzt David. Nun hat er sich den Fuß verknackst. Fast keiner hier im Refugio verzieht nicht ab und an das Gesicht vor Schmerz bei einer plötzlichen Bewegung. Fast alle sind irgendwie angeschlagen, lädiert, verpflastert, tragen eine Elastikbinde.

El Burgo Ranero, 18.00 Uhr

Gerade eben ist eine Schafherde vorbeigezogen, ein schönes Bild – und natürlich ist der Fotoapparat im Refugio. Die Herde folgt vertrauensvoll dem Schäfer, einem alten Mann mit abgetragenen Kleidern und Zähnen, die einem Zahnarzt mindestens eine Woche Arbeit bescheren würden. Die Schafe scheinen sich nicht daran zu stören, sie folgen ihm, weil sie wissen, daß er ihnen gut will. Ich höre das Blöken eines Lammes und gucke mir fast die Augen aus, aber ich sehe es nicht – bis mein Blick plötzlich auf den Rücken des Schäfers fällt. In einer Jutetasche trägt er das kleine neugeborene Lamm auf seinen Schultern, weil es mit der Herde noch nicht Schritt halten kann. Es ist ein Bild, das mich sehr berührt – und zum erstenmal kann ich mit dem Bild vom »Guten Hirten« was anfangen, der das Lamm auf den Schultern trägt. Da ist einer, dem man vertrauen kann, da ist einer, der einen trägt, wenn man nicht mehr oder noch nicht Schritt halten kann, da ist einer, der für mich sorgt. Ob es wohl sein kann, daß die Schafe, allgemein als dumm verschrien, vielleicht doch ein bißchen intelligenter als wir Menschen sind? Sie wissen und spüren noch, wer und was ihnen gut tut.

Gerade kommt Martin vorbei und zeigt mir ganz beiläufig das Foto von seinem dreijährigen Sohn. Man merkt die Absicht – und ich schmunzle ein bißchen vor mich hin. Aber es ist gut so.

Samstag, 14.6.

Mansilla de las Mulas, 16.00 Uhr

Ach, bin ich froh, daß ich nicht nach León rein bin! Die Weite dieser Landschaft so abrupt mit der Großstadt zu vertauschen, das wäre anstrengend gewesen. Und es tut gut, noch einen Abend in der vertrauten Pilgergruppe zu sein – Martin, Doris und David, und noch einige andere, die ich von gestern abend her kenne. Und das Refugio ist ausgesprochen hübsch, mit einem kleinen Innenhof, im Moment wäscht die Waschmaschine meine Wäsche, wir wurden von Santiago (er heißt wirklich so!) herzlich begrüßt – und morgen gibt es hier sogar Frühstück! Heute abend ganz allein in der großen Stadt – das hätte mir nicht gut getan.

Gestern abend waren wir mit einigen Pilgern noch miteinander essen – und zwischendrin immer mal wieder geklaute Augen-Blicke zwischen Martin und mir, wohltuende Nähe, entsprechende Gesten. Da ist viel Zärtlichkeit und durchaus auch ein wohltuendes Prickeln.

Ich kann es genießen, sehe es als Geschenk an, kann mich hineingeben, ohne mich zu verlieren, kann mich daran freuen und auch wieder loslassen – und in mir ist ganz viel Dankbarkeit, da ist Ehrfurcht und Freude.

Von *den* Seiten im Buch von Jean Vanier habe ich mich zu schnell getrennt. Aber an so was auf dem camino habe ich nun wirklich nicht gedacht. Ich erinnere mich nur daran, daß er etwas schreibt von der Freude am Spiel der Menschen aneinander.

Ich traue uns beiden zu, gut und verantwortlich mit dem umzugehen, was uns da geschenkt wird – und unserer Freude aneinander durchaus den passenden Ausdruck zu geben. Wir halten einander – aber wir halten uns nicht fest. Gestern haben wir kein Wort darüber verloren, ob wir heute nochmal zusammen gehen, es blieb offen. Wir haben uns gefunden im Staunen über das Leben und die Lebendigkeit – auch unsere eigene.

Heute nacht habe ich noch eine Viertelstunde vor dem Refugio gesessen. Der Himmel ist hoch und klar und weit – und vom kleinen Teich her quaken die Frösche.

Um halb sechs klingelte irgendwo der erste Wecker, dann brach die große Unruhe aus. Als ich das Licht am Horizont sah, zog ich mich notdürftig an, schnappte mir Fotoapparat und Geldbeutel angesichts der Aussage, daß die Bar angeblich ab 6.00 Uhr geöffnet sein soll. Ich verbringe eine ruhige halbe Stunde auf der Bank, sehe dem aufgehenden Licht zu, spüre eine tiefe Dankbarkeit für die vergangenen Wochen, den gegangenen Weg – und bin an diesem Morgen ganz einfach verliebt in die Schöpfung und die Welt.

Dann noch ein Kaffee in der Bar – der Inhaber hatte sich ganz gut auf die Situation der Pilger eingestellt, dort gab es auch schon Abendessen ab acht Uhr abends. Als ich kurz vor sieben Uhr ins Refugio komme, ist es fast schon leer. Martin klüngelt noch herum, Doris und David frühstücken, der Brasilianer ist noch da und das holländische Ehepaar.

Schließlich ganz vorsichtig meine Frage an Martin, wie er es denn heute machen wolle – lieber alleine gehen oder miteinander? Und die ebenso behutsame Antwort: »Wir können ja ein Stück zusammengehen ...«

Wir sind die letzten, die das Refugio verlassen – und schwenken auf die altvertraute Pilgertrasse ein, die treu und brav, alle 10 Meter von einer Platane, jeden Kilometer von einer Bank verziert, immer noch neben einem hervorragenden Feldweg herläuft, der bedeutend angenehmer zu gehen ist.

Nach einer Stunde machen wir Rast in einem halbverfallenen Haus an der Trasse – und bleiben eine Stunde dort, verzaubert von der Weite der Landschaft und des Himmels, den Wolken, der Sonne, den Blumen, dem Gesang der Vögel – und der Freude an der Nähe aneinander – es ist eine wunderschöne Stunde, und als wir schließlich aufbrechen, spüre ich nur: Ich bin voll mit Liebe.

Die 13,5 Kilometer bis Reliegos ziehen sich etwas, zumal die Sonne zunehmend wärmer wird, aber es waren intensive Stunden, in denen wir beide viel Persönliches erzählten, um dann wieder ins Schweigen zu kommen, um miteinander zu lachen – oder sich für einen kurzen Moment anzuschauen. Es war ein guter Tag für mich – und es war wohl ein ganz wichtiger Tag ...

Sonntag, 15.6.

León, 19.30 Uhr

Eigentlich bräuchte grad jeder Tag zwei Stunden Schreibzeit – und wenn man zu zweit unterwegs ist, hat man die einfach nicht. Das Unterwegs-Sein mit Martin mag ich trotzdem überhaupt nicht missen. Es mag sich verrückt anhören, aber die Strecke nach León hinein, die von vielen als fürchterlich beschrieben wird, wo sogar der kleine Wanderführer empfiehlt, den Bus zu nehmen, war für mich eine der intensivsten Strecken der vergangenen drei Wochen – und das hing mit unseren Gesprächen zusammen. Nachdem Martin und ich die erste Stunde noch eher schweigend nebeneinanderhergingen, war die zweite Stunde dann schon interessanter und dichter, und als wir schließlich auf der Nationalstraße waren, mitten im brausenden Verkehr auf der vierspurigen Schnellstraße, waren wir in einem so intensiven Gespräch über Gott und die Welt, daß mir die 18 km grad mal wie 8 km vorkamen.

Hier in León haben Martin und ich uns für das Hotel entschieden – und ich bin froh darum. Zum einen tut es gut, mal wieder seine Ruhe zu haben – zum anderen ist das Refugio überkatholisch und bürokratisch-dogmatisch, leider eine ja durchaus nicht seltene Kombination. Wir wollen uns dort nur den Stempel holen, eigentlich kein besonders bemerkenswerter Vorgang – wir sind uns beide einig, daß uns das Verfahren ein wenig an die Kontrollpunkte bei deutschen Volksläufen erinnert. Uns selbst waren die Stempel nicht mehr so arg wichtig. Sie dienen halt als Nachweis dafür, daß man in den Orten war, bekam man einen, war's gut, war er schön, umso besser – und wenn nicht, ist es auch recht. So gehen wir zu dem Kloster, in dem in diesem Sommer das Refugio untergebracht ist. Die Schwester, die uns öffnete, führte zuerst die beiden Pilger, die mit uns angekommen waren, zu ihrem Quartier. Das bestand darin, daß die beiden sich irgendwo eine Schaumstoffmatratze holten und auf den Flur legten. In dem Moment schien mir das Geld für das Hotel ganz gut angelegt. Die Schwester nahm unsere Pilgerausweise, wir erklärten noch, daß wir zwei Tage hier bleiben würden und deshalb im Hotel wären, dann bat sie uns um unsere Pässe. Die befanden sich an der Rezeption des Hotels, damit konnten wir also leider nicht dienen. Die bräuchte sie aber. Wir schauten sie fragend an. Ja, es sei sonst mit dem Stempel schwierig. Martin erklärte nochmal geduldig auf spanisch, daß unsere Namen und alle sonstigen wichtigen Daten im Pilgerausweis drinstünden – und wir wirklich nur einen Stempel wollten. Naja, sie wolle mal sehen, es sei halt wegen der Statistik. Unser Alter wollte sie wissen, dann verschwand sie hinter einer großen, dunklen, wichtig aussehenden Tür. Es verging eine gewisse Zeit, dann öffnete sich in dieser Tür eine kleine Luke: Ob wir mit dem Fahrrad unterwegs wären? Nein, zu Fuß, gab Martin zurück. Meines Wissens waren das zwar alles Informationen, die in diesem Pilgerausweis drinstehen, aber nun gut. Es verging wieder eine geraume Zeit, dann öffnete sich die obere Hälfte der Tür (es war wirklich eine wichtige Tür!), und die Schwester gab uns die Pilgerausweise zurück, mit Stempel – und wahrscheinlich hat ihre ordentliche Statistik jetzt an dem Tag eine Lücke …

Von Doris und David, die wir später in der Kathedrale treffen und die im Refugio übernachten, erfahren wir dann noch, daß das Kloster bereits um 21.15 Uhr schließt – um die Zeit bekommt man hier in Spanien gerade mal was zu essen. Und so haben sich die beiden auch entsprechend mit Lebensmitteln eingedeckt. Männer und Frauen sind getrennt untergebracht (Gott segne die Phantasie der Schwestern!) – aber interessanterweise sind die Duschen wieder gemeinsam. Und vor halb sieben morgens durfte auch keiner das Kloster wieder verlassen.

Zu Martin habe ich noch gesagt, jetzt fehlen eigentlich nur noch die beiden Iren, und als wir kurz darauf um eine Ecke biegen, steht plötzlich Gerard vor uns. Neville treffe ich wenig später in der Kathedrale – wieder mal in einer Kirche.

Die Stadt ist ausgesprochen lebendig – und die Kathedrale schlichtweg faszinierend. Die vielen Glasfenster, die Farben, die Weite des Raumes, das Spiel des Lichtes – ich bin froh, daß ich morgen nochmal Zeit für diese Kirche haben werde.

Christiane sitzt jetzt irgendwo im Zug in Frankreich. Morgen um 14.10 Uhr ist sie hier. Das wird ein neuer Abschnitt in diesen sechs Wochen – ich bin gespannt, wie es sich verändern wird.

Die Tage mit Martin waren wichtig für mich und schön. Er hat mich in vielem bestätigt, was mir wichtig ist, die Lebendigkeit, das Suchen und Fragen. Und ich werde daran erinnert, daß ich das Leben nicht festhalten kann. Festhalten würde das Geschenk der letzten Tage zerstören. So ist es gut, daß Martin morgen wieder geht, ich hier bleibe, daß wir keine Verabredung getroffen haben, sondern uns einfach freuen können an dem, was ist und sich vielleicht noch ergibt.

León, 0.15 Uhr

Und doch tut es ziemlich weh, ihn wieder gehen zu lassen. Die Tage waren so dicht und intensiv, daß ich jetzt fast einen Tag dazwischen, einen Tag für mich, bräuchte, um das alles halbwegs sortiert zu bekommen.

Ich bin dankbar für diese Begegnung, für die Stunden und Tage, ich ahne um die Wichtigkeit für mich, ohne sie jetzt schon beschreiben zu können – und ich denke, sie haben auch für Martin eine ganz eigene Wichtigkeit bekommen. Morgen früh werden wir noch zusammen frühstücken – und dann steht es in den Sternen, ob und wann wir uns wiedersehen werden.

Auch das ist eine Dimension des Pilgerns: »Um sich in andere und neue Bindungen zu geben« (Hesse) – aber das ist nicht immer leicht. Immer wieder neu verwiesen werden auf das eigentliche Ziel, das Vorläufige wieder loslassen – Freunde finden – und sie wieder gehen zu lassen. Das ist es, was manchmal so schmerzhaft sein kann – aus dem Schutz der Mauern wieder heraus zu gehen, neu in die Ungeborgenheit ... manchmal wünschte ich mir, angekommen zu sein ...

Ich bekomme zunehmend Lust, aus León auch wieder hinauszulaufen, trotz der Straßenstrecke – und nicht den Bus zu nehmen. Meine Busetappen haben mir eigentlich gereicht – und das Hineinlaufen in diese Stadt fand ich ganz wichtig. Wie läßt sich das damit kombinieren, Christiane einen guten Einstieg zu ermöglichen? Und eigentlich fehlen uns zwei Tage bis Santiago. Andererseits – bevor nicht die ersten drei Tage miteinander gegangen sind, läßt sich eh nichts sagen.

Montag, 16.6.

León, 10.00 Uhr

Der Abend mit Martin war noch sehr gut. Wir hatten ein sehr tiefes und persönliches Gespräch in der Bar, dann sind wir durch León geschlendert – und das ist nur schön hier! Die Kathedrale ist angestrahlt, auf jeder Säule und jedem Säulchen hockt ein

Storch, auf einer Glasfläche im Boden spiegelt sich die Kathedrale, Fledermäuse segeln lautlos umher. Und mit ein bißchen Mitgefühl denken wir an die anderen im Refugio. Zum Schluß trinken wir noch in einer Bar einen Vino tinto – und Martin kommt auch noch zu seinen geliebten Tapas. Seltsam, wie sehr man sich in drei Tagen an einen Menschen gewöhnen kann.

Mir fiel der Abschied schwer heute morgen, die Tränen saßen sehr locker. Und wieder mal im richtigen Moment tauchten Neville und Gerard auf. Das hat mir geholfen, halbwegs die Fassung zu bewahren.

Neville konnte ich gut erzählen, daß ich mich auf Christiane freue – und zugleich ein bißchen Angst habe – und daß ich jetzt eigentlich einen Tag für mich bräuchte.

In den Tagen mit Martin zusammen hat sich mein Tagebuchschreiben verändert – ich fühl die Tiefe, aber ich kann sie nicht beschreiben. Ich fühl mich – und habe keine Worte dafür. Ich spür mich – und verstumme.

Und, so seltsam sich das anhören mag, ich bin ganz bei mir – und ganz nah bei dem, was ich Gott nenne. Ich bin voll mit Liebe.

León, 13.30 Uhr

Du meine Güte, dieser Mensch fehlt mir – das hätte ich nun wirklich nicht gedacht –, und in einer halben Stunde kommt der Zug mit Christiane. Und ich bin noch nicht mal mit diesem Kapitel fertig – will ich überhaupt damit fertig sein? Das wäre noch die Frage …

Ein bißchen verliebt? Vielleicht eher: ein bißchen vertraut geworden …

Was mir nachgeht, ist das, was Martin erzählt hat, wovon Neville gesprochen hat oder auch Flavio, der Brasilianer, dem ein Freund kurzerhand die Freundschaft aufgekündigt hat, als er von seinem Plan mit dem camino erzählte: Jeder hier auf dem Weg hat seine Verletzungen und Verwundungen – die körperlichen sind leichter zu erkennen und zu behandeln. Die seelischen Verwundungen sitzen tiefer, die sieht man erst auf den zweiten Blick – und da sind die Menschen ein bißchen hilfloser, wie sie damit umgehen sollen. Manchmal scheint mir, als ob der camino die fast unerfüllbare Aufgabe übernehmen soll, auf wundersame Art Heilung für diese seelischen Verletzungen zu bringen.

Die Geschichten der Menschen, die auf diesem Weg unterwegs sind, sind oft sehr traurige Geschichten. Und es tut mir weh, mit dem konfrontiert zu werden, was Menschen einander antun können. Ich glaube, es braucht viel Liebe, damit diese Verletzungen ein wenig heilen können. Ob man wohl Verletzungen weglieben kann?

León, 14.30 Uhr

Christiane ist da – und da treffen schon auch zwei Welten aufeinander –, so vertraut Christiane und ich auch sein mögen. Ich kann diese 3 1/2 Wochen, die hinter mir liegen, nicht so einfach wegstecken – und will es auch nicht. Und diese Wochen haben viel mit mir gemacht – das merke ich an der Begegnung mit dem, was in die »Zeit vorher« gehört. Noch paßt der Schritt nicht. Wahrscheinlich muß man den Welten Zeit geben, sich ganz behutsam anzunähern.

León, 19.30 Uhr

Der neue Anfang kostet mich viel Kraft. Immerhin – León gibt sich Mühe für Christiane. Schönes Wetter, Leben auf den Straßen, die Kathedrale, die Störche – hoffentlich habe ich mir auch genug Mühe gegeben. Nach den letzten Tagen in der Meseta fällt es mir schwer, die Stadt auszuhalten, all das Laute, Bunte, Viele. Und ich ahne, daß gerade die Erfahrungen der letzten Tage süchtig machen können, auf den camino zurückzukehren. In mir ist die Sehnsucht nach der Weite, den Wolken, dem Wind. Und ich freue mich drauf, daß es morgen wieder losgeht – zusammen mit Christiane.

Bewußt geworden ist mir vorhin, daß man über den camino viel erzählen kann – aber man muß es erleben. Und hier in León davon zu erzählen, das ist schon, als sei man in einer anderen Welt.

Kalt ist es hier heute abend – der Wind der Meseta macht nicht vor den Stadtmauern halt.

León, 23.00 Uhr

Grad find ich die Stelle bei Jean Vanier wieder, die ich kürzlich gesucht habe, als ich es mit dem »freier geworden« hatte:

Der Armut unseres menschlichen Verstandes scheint die Möglichkeit eines von Gott erdachten Schicksals einerseits und die Vorstellung von Freiheit andererseits unvereinbar. Und doch stimmt das nicht. Denn die Weisheit Gottes und seine Achtung vor jedem Menschen sind so groß, daß ein Schicksal höchster Erfüllung und persönlicher Freiheit fein miteinandere vermählt sind, und aus dieser Einheit strömt die Herrlichkeit Gottes und seiner Schöpfung. Gott kennt das Geheimnis, wie er uns zur Freiheit lieben kann, und er lädt uns ein, an der schöpferischen Liebe teilzuhaben.

Weil so viele vor uns eine erstickende, lähmende oder besitzergreifende Liebe erfahren haben, fällt es uns schwer, an eine Liebe zu glauben, die zur Freiheit führt, und an einen Plan Gottes, der weit über das hinausreicht, was wir vom Wunder und der Schöpfung kennen.

Das erinnert mich an meine Gedanken von heute mittag: Kann man Menschen zur Freiheit lieben? Kann man Verletzungen weglieben? Fühle ich mich von Gott zur Freiheit geliebt? Lasse ich von ihm meine Verletzungen weglieben? Geht das überhaupt?

Für den ersten Tag hat Christiane wohl ganz gut »andocken« können. Das Abendessen war hervorragend, die Störche haben auf der Kathedrale eine Galavorstellung geliefert, die Fledermäuse sind programmgemäß erschienen. Jetzt gilt es, einen Rhythmus im Gehen zu finden und sich Schritt für Schritt wieder von dieser Stadt zu entfernen. Ich freu mich drauf – und vielleicht treffen wir die anderen unterwegs doch noch mal – und nicht erst in Santiago.

In mir ist die Frage, wie wird das mit dem Heimkommen sein, dem »zurück in den Alltag«? Mit all den Veränderungen, all den Erfahrungen? Vielleicht ist das sogar die größte Herausforderung des gesamten Weges – verändert zurück in den Alltag …

Dienstag, 17.6.

Villadangos del Paramo, 16.30 Uhr

Na, für den ersten Tag lief doch alles überraschend glatt … die 20 Kilometer von León bis hierher gingen sich gut – und die Straßenstrecken und die Industrievororte waren lange nicht so schlimm, wie im Wanderführer beschrieben. Im Gegenteil, ich fand's gut, aus der Stadt wieder hinauszugehen, sie zu Fuß hinter uns zu lassen. Und mit Christiane zusammen war es okay – es ist ein anderes »zu-zweit-gehen« als mit Martin – ich kann noch nicht beschreiben, was den Unterschied ausmacht. Aber es war so, daß es gehen könnte …

Heute morgen hatten wir noch einen gemütlichen Kaffee in der Hotelbar – und dann sind wir nach St. Isidor gegangen und haben in dieser schönen Kirche still die Laudes gebetet. Dort habe ich Christiane noch einen Pilgersegen gegeben – sie hatte bisher keinen bekommen. Das war für mich ein dichter Moment – einem anderen in dieser Form Gutes zusagen. Ob's liturgisch sauber war, weiß ich nicht – aber das war und ist auf diesen Moment hin auch nicht so interessant. Es hat so gestimmt.

Ich bin froh, wieder auf dem Weg zu sein. Wohl nicht umsonst habe ich heute dauernd »Go west!« vor mich hingesungen – allmählich interessiert mich wirklich der Text von dem Lied.

19.30 Uhr

Im Refugio ist eine ausgesprochene Schwätzergruppe beisammen – der 72jährige Ire, der dauernd seine Stories loswerden will, wenn schon mal jemand englisch versteht, der deutsche Oberlehrertyp, der pflichtgemäß wissensdurstig ist, die lebhaften Spanier, die zur Abwechslung aber grad mal schlafen – im Moment gibt es in der Gruppe von Pilgern niemanden, der mich sonderlich interessiert.

Christiane hat recht – für sie ist das sicher gut, um anzukommen. Jetzt noch interessante Leute im Refugio – das wäre zuviel. Ich habe Achtung vor allen, die sich, aus welchen Gründen auch immer, auf den Weg machen – aber das heißt nicht, daß ich deswegen jeden mögen muß, der auf dem Weg ist. Als ich vorhin die Nachricht von Martin im Gästebuch las, wurde ich ein bißchen traurig. Er hat eine schöne Handschrift – und muß gestern einen interessanten Tag einschließlich Verlaufen erlebt haben. Der Weg scheint für ihn viel bereit zu halten. Ich wünsch und gönn es ihm.

Ich bin innerlich müde, weniger körperlich. Das eine ist noch nicht verarbeitet in all seiner Intensität, da kommt schon wieder das Neue, das meine ganze Aufmerksamkeit fordert. Und eigentlich trauere ich auch noch ein bißchen. Heute abend wäre eher ein Hotelzimmer ganz allein für mich angesagt – und vielleicht sogar ein paar Tränen. In Refugios ist Weinen schwierig – und manchmal kann man mitten auf dem camino in Streß geraten …

Christiane lacht sich grad schief – hier in der Bar wurde uns liebevoll eine kleine Vorspeise auf den Tisch gestellt. Ich bin ein bißchen heikel mit dem Essen, durch Anschauen allein war es nicht zu definieren – und so sage ich halt ziemlich vertrauensvoll zu Christiane: »Probier's mal – und sag mir, ob's mir schmeckt!«

Mittwoch/Donnerstag, 18./19.6.

Astorga, 3.00 Uhr

Dieses Refugio hat nichts mehr mit Bergen, Schützen und Bewahren zu tun, wie es der Name »Herberge« möglicherweise nahelegt – es ist ein Szenario. Ich stehe staunend davor, welche unterschiedlichen Geräusche 36 Menschen erzeugen können – und frage mich, wie hier überhaupt jemand schlafen kann. Die Zweier- und Dreier-Stockbetten quietschen fürchterlich – und wenn man sich aufsetzen will, rammt man sich prompt den Kopf an dem Bettgestell über einem.

Ich habe lange wachgelegen, irgendwann gab es, oh Wunder!, mal eine Schnarch-, Stöhn- und Schnaufpause – da bin ich wohl eingeschlafen. Die mich umgebende Geräuschkulisse habe ich dann in einen mysteriösen, leicht esoterisch angehauchten Traum eingearbeitet: Da gab es plötzlich bewegliche

Wände, die sich auf mich zubewegten, weißgekleidete Gestalten, irgendwelche Aufgaben, die es zu lösen galt – ich war dauernd in Bedrängnis.

Vorhin bin ich raus, um eine Zigarette zu rauchen. Auch im Vorraum hat sich ein Schlaf-Schnarcher installiert, so daß man hier kein Licht machen kann. Und die Tür zum Schlafraum ist geöffnet, ein letzter hilfloser Versuch der Lüftung, so daß sich jetzt auch im Vorraum das Rauchen von selbst verbietet. Die Refugiotür ist dummerweise so konstruiert, daß man zwar rausgehen kann, aber dann nicht wieder hineinkommt. Und so sitze ich jetzt auf der Steinstufe am Eingang, halte mit einem Fuß die Tür zum Refugio auf, rauche eine Zigarette – und hätte eigentlich durchaus die nötige Bettschwere.

Als ich in den Schlafsaal zurückkomme, ist die Luft zum Schneiden dick, ich ziehe meine Uhr aus der Hosentasche – um Gottes Willen, erst Viertel vor Drei! Wie soll ich diese Nacht bloß rumkriegen?

Fluchtgedanken steigen in mir hoch – aber wohin will ich nachts um 3.00 Uhr in Astorga flüchten? Selbst, wenn ich jetzt eine Stunde durch die Stadt liefe, käme ich dann nicht mehr ins Refugio hinein. Mich neu auf den Weg zu machen, würde ich ja vielleicht in Erwägung ziehen, wenn ich alleine unterwegs wäre – aber wie soll ich in diesem Menschengewimmel Christiane finden, die ja vielleicht doch ganz ruhig und sanft schläft? Wie im Dunkeln alles zu Packende finden?

Ich find die Idee der Refugios gut, ich bin dankbar, daß uns diese Unterkunftsmöglichkeiten zur Verfügung gestellt werden – aber wenn so ein Refugio komplett belegt ist, ist es nicht schön. Und ich frag mich, was hier im Sommer wohl los sein mag.

Ich habe nichts gegen einfache Refugios, da habe ich durchaus schon sehr ruhige Nächte erlebt – sowas wie hier, das mag ich nicht. Ich habe durchaus Lust, mit dem einen oder anderen Pilger ins Gespräch zu kommen – aber wenn für 36 Leute ein Vorraum mit 12 Stühlen zur Verfügung steht, dann kommt man auch nicht ins Gespräch. Dann flieht jeder, so gut und so schnell er kann.

Donnerstag, 19.6.

Santa Catalina, 17.00 Uhr

Du meine Güte, war das viel in den letzten Tagen ...

Die 27 km gestern von Villadangos nach Astorga haben wir beide überraschend gut überstanden – aber das Refugio nicht so besonders. Christiane hat es ähnlich agressiv wie mich gemacht – und das gerade oder trotz des schönen Abends.

Gestern am späten Nachmittag, ich war grad am Wäschewaschen, steht plötzlich Martin in der Tür. Auch ihn hat es jetzt »hinausgekickt« – die Achillessehne an einem Fuß ist angeschwollen. Die letzten Kilometer konnte er vor Schmerzen nicht mehr gehen, so ist er per Anhalter in Astorga »eingelaufen«. Durch Zufall war ein deutscher Orthopäde zu Gast in dem Hotel, in dem Martin sich einquartiert hat, der hat ihm Empfehlungen für Tabletten gegeben und den dringenden Rat, zwei Tage zu pausieren.

Martin hatte sich wirklich vorher auf der Alternativstrecke hinter León verlaufen. Er merkte erst auf, als ihm ein Bewohner freudestrahlend erklärte, daß es schön sei, daß mal wieder ein Pilger da wäre – im letzten Jahr wäre eine Frau dagewesen. Ein Pilger pro Jahr – das konnte nicht der offizielle camino sein...

Wir waren zu dritt miteinander essen, und als Martin und ich dann alleine in der Bar sind – Christiane hatte taktvoll den Rückzug angetreten –, waren wir uns einig, daß es genau diese Erfahrungen sind, die den Weg zum camino machen. Es geht nicht ums Stempelsammeln, es geht nicht ums Kilometerzählen, es geht genau darum, all diese Möglichkeiten von Erfahrungen, die am und neben dem Weg bereit liegen, wahrzunehmen, mich ihnen zu stellen, mich zu öffnen. Und es geht darum, sich die Zeit zu gönnen, auf das eine nicht schon gleich wieder das Nächste folgen zu lassen.

Mich haben die Überlegungen in der Idee bestärkt, heute nur eine halbe Tagesetappe zu machen, um Zeit zum Schreiben, zum Nachdenken, zum Nachspüren zu haben. Zudem ist es für Christiane der dritte Tag – und der ist ja immer ein bißchen kritisch. Und dann kam noch das Nicht-schlafen-können in Astorga dazu …

So haben wir uns kurzerhand entschieden, aus der momentanen Pilgermassenbewegung auszuscheren – wir lassen sie ihre Tagesetappen machen. Es ist niemand dabei, dem wir nachtrauern – und die, denen ich nachtrauere, die beiden Iren, Doris und David, sind eh schon so weit voraus, daß wir sie wohl frühestens in Santiago wiedertreffen werden. Und Martin ist irgendwo hinter uns. Ob er uns einholen wird?

In Astorga haben wir uns noch die Kirche angesehen, die mich durch ihre Höhe fasziniert. Plötzlich zupft uns ein Mann am Ärmel, nimmt uns zur Seite – und stempelt uns liebevoll den Stempel der Kirche in den Pilgerausweis. Jede für sich haben wir dann noch die Laudes gebetet – ich hab mich auf die Stufe im Eingang zurückgezogen, bin dort gesessen, irgendwie emporgezogen durch die Höhe der Kirche vor mir. Es war ein ganz dichter und schöner Moment – und die Laudes hat für mich gepaßt.

Bisher geht unsere Rechnung hier oben im Refugio auf: Wir sind zu fünft, wir beide, der Ire, eine Frau mit schwarzem Seiden-BH, der dekorativ auf der Wäscheleine hängt, aber ohne Schlafsack und Decke – und Mick, ein Engländer, der grad aus der Dusche kommt und sagt, er hätte ja schon viel kalte Duschen auf dem camino erlebt, aber so kalt sei noch keine gewesen.

Na gut – heute abend muß aus meiner Sicht duschen nicht unbedingt sein …

Immerhin – wir sind zu fünft in zwei großen Schlafsälen untergebracht, das ist okay. Hoffen wir mal, daß es so bleibt…

Damit kämen wir aus dem Pilgerpulk heraus, der sich heute abend in Rabanal trifft. Das ist morgen früh unser Ziel, dort wollen wir nochmal einkaufen – und dann geht es in die Berge hinein. Wir möchten bei Tomas in der Berghütte übernachten. Das Wetter scheint schön zu bleiben und auf 1.500 Meter Höhe dürfte es auch mit der Hitze nicht allzu schlimm werden. Und lieber Plumpsklo als nochmal so eine Nacht wie in Astorga …

Christiane und ich sind uns einig: Lieber irgendwann 50 km mit dem Bus fahren, bevor wir jetzt ins Jagen und Hetzen kommen. Und der »kick-out« von Martin hat uns nochmal gezeigt: Hier ist nichts mittelfristig planbar. Der camino hat und birgt seine eigenen Überraschungen …

Freitag, 20.6.

Rabanal, 12.30 Uhr

Der gestrige Abend in Catalina war noch sehr schön, Christiane und ich haben im alten Unterstand für die Pferde gesessen, vino tinto getrunken, die Nacht war ruhig, wir konnten gut schlafen. Man lernt es zu schätzen …

Auf dem Weg hierher fiel mir ein, daß mein Satz »I've new fallen in love to God and I'm going to celebrate it« zwar durchaus stimmt – aber daß möglicherweise der Satz noch viel richtiger ist: »God has fallen in love with me and is going to celebrate it!« – ich erlebe diesen Weg, mein Unterwegs-Sein als Geschenk – und in mir ist ganz viel Dankbarkeit!

Manjarin, 17.30 Uhr

Fünf Stunden später – und wir sind in einer anderen Welt. Das ist ähnlich interessant hier wie in Sombal: Typ Allgäuer Berghütte, leicht esoterisch angehaucht, Wasser vom Brunnen, die Heizung besteht aus einem uralten Kanonenofen mit zwei Metern Ofenrohr, es gibt zwei Hunde, zwei Hühner, eine Gans – und Tomas. Wenn ich es richtig verstanden habe, hat Tomas was mit den Templern zu tun, ein Zeitungsartikel, den er ausgehängt hat, beschreibt ihn als Marxist und Christ. Ich kann mich fast nicht mit ihm verständigen – aber ich spüre, hier ist eine andere Welt. Oder ist es die eigentliche Welt?

Mick war schon da, als wir kamen, und geht Tomas zur Hand. Dazu kamen noch ein Belgier und ein Franzose, die der Regen oben am cruz de ferro überrascht hat.

Wir sind auf 1.500 m Höhe – und das Unwetter ist schnell

von Westen hergezogen. Am cruz de ferro saßen Christiane und ich noch im schönsten Sonnenschein, inzwischen tobt es hier, prasselt der Regen auf das notdürftig geflickte Dach, Wolken jagen draußen an der Hütte vorbei – oder ist es doch Nebel? Die Geborgenheit der Hütte tut gut – und ich finde es spannend, daß gerade heute in der Vesper, in die ich einen Blick hineingeworfen habe, der Psalm 135 auftaucht: *»Er führt Wolken herauf vom Ende der Erde, er läßt es blitzen und regnen, aus seinen Kammern holt er den Sturmwind hervor.«* Gott in seiner Schöpfung, seine Macht, seine Größe, das erfahre ich hier nochmal am eigenen Leib. Nicht ich feiere mit Ihm – sondern Er feiert mit mir. Und es war ein wunderschöner Tag heute – der Aufstieg zum »Eisenkreuz«, den wir auf der sanft ansteigenden Straße gut hinbekommen haben, die Ebene zusehends hinter uns lassend. Da war eine ungeheure Weite, der Wind, die Wolken.

Und dann die halbe Stunde dort oben am cruz, dicht und intensiv. Ich habe den Stein vom Karmelberg in Israel auf den Steinhaufen gelegt, den mir Christiane letztes Jahr mitgebracht hat, und der mich an meine Geschichte mit dem Propheten Elija erinnert – und Christiane hatte einen Stein aus dem Sinai dabei. Damit reihen wir beide uns ein in die lange Reihe der Pilger, die hier auf diesem Paß etwas zurückgelassen haben, etwas »losgeworden« sind. Für mich war es eine sehr stille halbe Stunde, in der ich meinem Schöpfer sehr nahe war …

Interessant war der alte Eichenstamm, an den die Pilger sehr unterschiedliche Dinge gebunden hatten – von der verblühten Rose mit Gebetszettel bis zum Rasierpinsel und Zahnbürste mit Grußbotschaft. Weiß der Himmel, was die jeweiligen Pilger damit verbunden haben, es mag eine eigene Bedeutung haben, die Fremden wohl nicht nachvollziehbar ist. So wird aus dem cruz de ferro fast eine Art Kultbaum. Christiane hat dort oben ihre

Muscheln am Rucksack befestigt – für sie das Zeichen, sich in die Reihe der Pilger einzureihen. Und das gestrige »Schwächeln« ist vorüber. Wir beide sind ganz gut in Gang gekommen.

Die Stimmung hier in Manjarin zu beschreiben, ist fast unmöglich. Das Gewitter tobt so, daß es mich immer wieder vor die Hütte lockt, mich verführt, mich dem Sturm und dem Regen auszusetzen – und mich zugleich die Geborgenheit der Hütte schätzen läßt, in der der kleine Kanonenofen bullert, der junge Hund grad »Bernhardiner« spielt, und sich dauernd mit Charly, dem kleinen Pinguin an meinem Rucksack, anlegt. Tomas hat irgendeine Kassette aufgelegt, die sich sehr irisch anhört, es gibt Kaffee, aus der Milch muß man die Fliegen herausfischen. Tomas kocht, Christiane und Mick machen den Salat – plötzlich steht ein Rotwein als Aperitif auf dem Tisch. Wir sind hier in einem alten Steinhaus in einem ansonsten verlassenen Ort, die Mauern sind 50 cm dick, von der Decke hängen zwei oder drei große Schinken, alles ist nicht so besonders klinisch sauber, aber ausgesprochen gemütlich – und es liegen Welten zwischen der Nacht in Astorga und dieser Berghütte. Hier spüre ich etwas von dem alten camino – und hier berührt mich was.

Samstag, 21.6.

El Acebo, 10.30 Uhr

Sommeranfang in den Bergen von León – 8 Grad am frühen Morgen, Wolken, Nebel, Regen, Sturm – ein grandioser Tagesbeginn. Und die Nacht in der Hütte war nur gut. Mit meinem

Knie habe ich mich die Hühnerleiter nicht hochgetraut, die unters Dach führte, wo die anderen geschlafen haben. So blieb ich unten im großen Raum, zusammen mit Tomas und dem kleinen Junghund.

Als Tomas sich mit all seinen Klamotten inclusive Parker ins Bett legte, war klar: Schlafenszeit. Draußen tobte der Sturm, es regnete, ab und an bellten die Hunde, den kleinen hatte Tomas zu sich ins Bett genommen. Irgendwann klopfte es, so gegen elf Uhr nachts. Tomas ging an die Tür: Wer ist da? – Peregrino! Tomas öffnet, ein junger Mann, vollkommen durchnäßt, kommt herein, Tomas weist ihm den Schlafplatz zu, fragt, ob er noch etwas zu essen haben will. Derweil landet der junge Hund in meinem Bett – und es ist durchaus angenehm, seine Wärme zu spüren, ihn streichelnd zu beruhigen, sein Atmen zu hören. Ab und an jaunzt er ein bißchen vor sich hin, läßt sich wieder beruhigen – und ich hoffe nur, daß er schon soviel Anstand hat, daß er nicht ins Bett, sprich: meinen Schlafsack, macht.

Irgendwie ist es unwirklich: der jagende Sturm, die bellenden Hunde, der trommelnde Regen auf dem Dach. Mit einem kleinen, jungen Hund kuschele ich mich in meinen Schlafsack …

Am Morgen kocht Tomas Kaffee, alle miteinander hocken wir um den großen Tisch. Der erste Gang hinaus vor die Tür ist wenig vielversprechend: Regen, Wind, tiefe Wolken, 20 Meter Sicht. Ein Blick in die Laudes: *»Die Weisheit kennt alle Werke des Schöpfers, sie wohne bei uns und teile mit uns alle Mühe.«* Das scheint mir durchaus passend für diesen Tag und erinnert mich an den Morgen in Bayonne – ich bin tatsächlich schon vier Wochen unterwegs.

Nagut – Mindeststrecke ist Acebo, wenn's halbwegs läuft, können wir Molinaseca anpeilen – gut wäre es, wenn wir bis nach Ponferrada kämen – und dort wäre ich sehr bereit, mal wieder in ein Hostal zu gehen. Die letzte warme Dusche gab es in León – und daß ich die vergangene Nacht in meinen Klamotten, inclusive Junghund, geschlafen habe, macht mich auch nicht gerade sauberer.

Zum Frühstück hat Tomas eine Taizé-Kassette aufgelegt. Es ist irgendwie irreal – Frühstück in den Leoner Bergen auf einer Berghütte, vertraute Taizé-Gesänge – und mitten in der Fremde fühl ich mich zuhause.

Es war eine faszinierende Nacht dort in den Bergen, ich habe schwer Abschied genommen – und Christiane fiel der Abschied wohl noch ein bißchen schwerer. Tomas hat uns mit seiner großen Glocke noch »abgeläutet« – und dann waren wir wieder unterwegs.

Der Weg nach El Acebo war schön. Angesichts des Wetters sind wir auf der Straße geblieben – und da war kaum ein Auto. Stattdessen hatten wir Wind und Sturm, Wolken und Nebel, ab und an riß der Himmel auf, zeigte ein blaues Loch und eine faszinierende Aussicht, um dann wieder im Wolkenmeer zu versinken. Mir hat diese Gewalt der Natur gut getan, ich habe mich gern hineingestellt, mich dagegengestemmt, habe mich gespürt und das Leben. Bei schönem Wetter wäre es eine nette Strecke gewesen, so war es eindrucksvoll.

Ponferrada, 20.10 Uhr

Es war ein schöner Tag, aber auch ein Tag, der in die Beine ging. 1000 Meter Abstieg – heute abend spüre ich meine Beine. Und ich bin auch müde, weil ich Christiane über weite Strecken ein bißchen ziehen mußte.

Heute nachmittag schloß sich uns der Hund an, der zuvor dem französischen Pilger zugelaufen war. Er begleitete uns treu und brav über zwei Kilometer – und es bedurfte einiger heftiger Interventionen, um ihn davon zu überzeugen, daß wir ihn nicht in die Stadt und nicht ins Hotel mitnehmen wollten.

Kilometermäßig liegen wir gut im Schnitt – noch zehn Tagesetappen liegen vor uns, wenn alles gut läuft. Und ein Tag Luft ist grad drin. Den wollen wir uns aufheben für chaotisches Wetter oder Krisentag. Im Moment spielt das Wetter optimal mit – auch wenn es heute abend nach Regen aussieht. Mal sehen … – das habe ich inzwischen gelernt: Erst dann entscheiden, wenn die Entscheidung wirklich angesagt ist. Und nicht zuviel Kraft auf all die wenn und aber zu vergeuden …

Heute abend haben Christiane und ich uns notgedrungen getrennt. Im Hotel haben wir in einer Blitzaktion Großwäsche gemacht, unsere Klamotten sind jetzt dort irgendwo im Trockner – und an die müssen wir wieder rankommen. So muß eine von uns die Stellung im Hotelzimmer halten. Ich habe für eine Stunde frei und die Schlüssel bekommen – und wenn ich zurückkomme, wird sich Christiane nochmal auf den Weg machen. Das gibt dann noch eine ruhige halbe Stunde im Bett für mich mit vino tinto und dem Buch von Jean Vanier.

Es tut gut, zu zweit unterwegs zu sein, aber es nimmt schreibmäßig vieles weg, weil es ja schon gesagt ist. Und auch spirituell haben diese Tage nicht mehr die Intensität wie noch vor kurzem. Aber irgendwie hab ich auch das Gefühl, es ist gut so. Es ging tief, wahnsinnig tief – aber ich kann auch nicht dauernd in dieser Tiefe leben. Ich habe viel Kraft daraus geschöpft … – aber ich muß aus dieser Tiefe auch wieder hervorkommen.

Ich sitze hier, so verrückt es sich anhören mag, in einer Bar und trinke irisches Bier vom Faß, höre irische Musik. Beides paßt zu der Landschaft, durch die wir heute gewandert sind – und zu dem Wetter, das wir heute erlebt haben.

Der Kontrast ist schon groß – von der Einsamkeit der Bergwelt in die Stadt, von Tomas zum Hotel. Ich gebe zu, die erste warme Dusche seit sechs Tagen hat unverschämt gut getan. Und der Gedanke daran, daß morgen wenigstens die Wanderklamotten mal wieder halbwegs sauber sind, tut auch gut. Heute habe ich dauernd das Gefühl gehabt, ein bißchen vor mich hin zu stinken.

Draußen regnet es. Ich geh jetzt Christiane ablösen.

Der Wind brennt noch auf der Haut …

Sonntag, 22.6.

Villafranca, 20.15 Uhr

Es ist nicht zu glauben – da läuft man 350 km – und plötzlich hat man einen ausgewachsenen Muskelkater. Die 1000 Meter Abstieg gestern haben sich doch deutlich bemerkbar gemacht. Interessanterweise habe ich den Muskelkater nicht nur in den Oberschenkeln, sondern sogar auch in den Pobacken – weiß der Geier, was ich damit angestellt habe. Wenn man mal im Laufen drin ist, geht's – aber bis dahin humpelt man doch etwas durch die Gegend.

Das Hotel letzte Nacht hat gut getan – viel Platz, warmes Wasser, ein gutes Bett. Als ich um halb sieben das erstemal aufwachte, habe ich den Wecker von sieben auf acht gestellt. Es ist Sonntag – noch eine Stunde Schlaf wird gut tun, und halb acht reicht auch für Sonntag. Endlich mal wieder den Rucksack ganz neu packen, in Ruhe frühstücken …

Wieder einmal zieh ich an einem Sonntag mit sauberen Klamotten los – letzten Samstag konnten wir die Sachen in die Waschmaschine in Mansilla werfen, gestern haben die dienstbaren Geister hier wohl Mitleid mit uns gehabt: Sie haben unsere in der Dusche und im Waschbecken mühsam gewaschene Wäsche nicht einfach nur in den Trockner getan, sondern gleich nochmal in die Waschmaschine. Deshalb hat es auch so lange gedauert. Das Trinkgeld geben wir gerne, sind eher unschlüssig, ob es zu wenig ist.

Die frischgewaschene Wäsche gibt ein richtiges Sonntagsgefühl …

Aus Ponferrada wurden wir heute morgen ausgesprochen freundlich hinausgelotst: Sobald wir unschlüssig umherstanden, die Markierung suchten, tönte von irgendwoher ein Pfiff und jemand wies uns mit Armschwenken den Weg. Es gab fast keine Chance, in der Stadt zu bleiben, sich zu verirren.

Wegmäßig war es heute kein besonderes »highlight«. Viele Vororte, immerhin die Bars an der richtigen Stelle, es war okay so. Highlight dagegen ist Villafranca, ein hübsches kleines Städtchen in einem Tal. Als wir ziemlich müde und ein bißchen erschöpft an der Santiago-Kirche ankamen und eine Zigarette rauchen wollten, kam ein Mann und schloß die Kirche auf. Die Kirche ist ausgesprochen schön, schlicht, faszinierend, eine Kirche, in der ich gut beten kann. Kurz nachdem wir hinausgegangen waren, schloß er die Kirche wieder ab, so, als habe er gerade auf uns gewartet. Der Stempel von der Santiago-Kirche ist klein und unscheinbar – aber er erinnert mich an eine schöne Viertelstunde in einer wunderschönen Kirche.

Christiane tendiert hier eher zum Hotel. Ich hätte mich zwar ganz gut auf ein Refugio, zumal auf das von Jato, einlassen können – aber ich wehre mich auch nicht gegen ein bißchen Komfort. Und da wir morgen früh noch einkaufen müssen, vor elf

Uhr nicht wegkommen werden, ist eigentlich auch nicht einzusehen, warum wir uns in einem Refugio unbedingt um sechs Uhr von denen wecken lassen müssen, die sich auf den Weg machen. Heute abend haben wir dem Gottesdienst den Vorrang vor dem Duschen gegeben. Nach letzter Woche kommt es irgendwie nicht mehr so darauf an. Manches wird relativ. Der Gottesdienst war schön und schlicht und trotz der fremden Sprache vertraut.

Villafranca, 22.30 Uhr

Bei Jean Vanier finde ich nochmal Worte für mein Erleben der letzten Tage:

Das ist etwas Neues. In dieser Erfahrung von Gemeinschaft wird es keine Errungenschaften geben, keine Examenszeugnisse, die dafür bürgen, kein Endprodukt, nichts Sichtbares, an dem man sich festhalten könnte, keinen Beifall, sie ist lediglich eine leise Erfahrung der Liebe und Gegenwart Gottes. Wage ich es auszusprechen? Ja, es kann sogar eine mystische Erfahrung sein, etwas so Tiefes und Zerbrechliches, daß du – wenn du nicht vorsichtig bist – auf sie treten, sie erdrücken, sie übersehen oder daran vorbeigehen kannst. Und doch ist es der leise Ruf Jesu, die Berührung seiner Hände, eine neu aufkeimende Liebe.

Sie entspringt dem Urgrund deines Wesens, sie läßt die Eis- und Kälteschicht von innen her aufschmelzen und trägt behutsam die sorgfältig aufgebauten Mauern ab, die du aus Angst um das verwundbare Herz errichtet hattest.

Es ist wie eine Wiedergeburt des Kindes in dir: das sanfte, zärtliche, verwundbare, zerbrechliche Kind, das tief in dir verborgen ist, verdeckt durch das Geltungsbedürfnis und das Bestreben, erwachsen, klug, intelligent und beklatscht zu werden; oder von deinem Bedürfnis, dich anderen und ihren übertriebenen Erwar-

tungen zur Wehr zu setzen. Vielleicht erlebst du zum ersten Mal, was Jesus vom Geist erfüllt sagte: »Ich preise dich, Vater, Herr des Himmels und der Erde, weil du all das den Weisen und Klugen verborgen, den Kleinen aber offenbart hast.«

Jesus kommt nicht in Donner und Blitz, er kommt auch nicht im Sturm. Er kommt vielmehr in der leichten Brise am Abend. Der Geist weht ganz leicht über unsere Erde. Wenn wir nicht achtgeben, besteht die Gefahr, daß wir Gottes Gegenwart in unserem Leben nicht wahrnehmen. Denn er ist ein behutsamer Gott, ein zärtlicher, liebevoller Gott, der ganz leise Leben schenkt, weit ab von der Welt des Stolzes und der Klugheit, weit ab von den Thronen der Macht und Verwaltung, weit ab von Selbstzufriedenheit und Verteidigungsmechanismen und der Sicherheit derer, die auf niemand angewiesen sind. Er ist im Innersten unseres Wesens, in der Hülle unseres Seins, verborgen.

Starres in mir ist ins Fließen gekommen, ich baue Mauern ab, ich werde verwundbarer – lebendiger.

Montag, 23.6.

Vega de Valcarce, 18.30 Uhr

Die Tagesetappe ist geschafft. Obwohl es nur 15 km waren, fand ich sie mühsam. Durch das gemütliche Frühstücken und das Einkaufen in Villafranca sind wir spät weggekommen – und es rächt sich, wenn man 15 km nicht so ernst nimmt wie 25 km. Dazu kam, daß es viel Straßenkilometer waren – nun gut, das war unsere Entscheidung. Wir wollten nicht die neue Alternativstrecke gehen, die zwar abseits von der Straße verläuft, dafür aber länger ist und über einen Berg führt. Das landschaftlich Reizvollere lockt uns nicht an diesem Tag, wir sind eher daran interessiert, uns die Kräfte für den Cebreiro aufzusparen.

So waren sechs Kilometer Nationalstraße angesagt, auf der die Lastwagen an uns vorbeidonnern. Wir waren »Aug in Aug« mit all den Lastwagenfahrern – und im ständigen Stoßgebet, daß sie bitte richtig lenken mögen. Einige haben sehr nett gegrüßt, das hat ein bißchen Mut gemacht und angespornt. Ab Mittag hat uns dann die Hitze erwischt – es ist gut, daß wir den Cebreiro morgen früh vor uns haben.

Ich bin froh, daß wir den Sprung vom Hotel ins Refugio wieder geschafft haben. Die Versuchung ist groß, das Angenehmere zu wählen, es sich leicht zu machen. Aber damit ginge auch etwas von dem verloren, was den camino ausmacht – sich einlassen auf einen anderen Lebensstil.

Das Refugio hier ist ganz okay, zwar einfach, ohne Aufenthaltsraum, ohne Küche – aber noch sind wir wenige im unteren Schlafraum – die beiden Fahrradfahrer, die ziemlich nach Schnarchen aussehen, wurden von der Betreuerin oben einquartiert.

Man wird dankbar für soviel, bewußte oder unbewußte, Menschenkenntnis.

Wir sind geduscht (warm!), die notwendige Wäsche ist gewaschen und trocknet vor sich hin, das Feierabendbier schmeckt – und heute abend steigt nun endgültig die Thunfisch-Session, wir haben wirklich keine Lust, die Dosen noch über den Cebreiro mitzuschleppen. In dem kleinen Geschäft hier am Ort kaufen wir noch ein bißchen Brot, Rotwein, Käse – und sitzen gemütlich auf den Gore-Tex-Jacken im Schein der Abendsonne und lassen es uns gutgehen. Am Berg über uns ist die Nationalstraße, – und meine durchgehende Phantasie läßt mich ausmalen, wie es denn wäre, wenn da ein Laster auf uns herunterfallen würde.

Der Muskelkater hat mich heute noch heftig geplagt. Ich bin grad froh, daß es morgen bergauf geht – dann kann sich der Abstiegsmuskelkater vielleicht ein wenig legen.

Als heute nachmittag im Fernsehen schon wieder Fußball übertragen wurde, erinnerte ich mich daran, daß zuhause ja inzwischen alles gelaufen ist, was Fußball angeht. Und Christiane erzählt, daß Bayern München deutscher Meister geworden und Freiburg abgestiegen ist. Mitten in einem kleinen Dorf in Nordspanien holt mich der deutsche Alltag mit seinen scheinbaren Wichtigkeiten wieder ein …

Dienstag, 24.6.

Vega de Valcarce, 8.20 Uhr

Das sind die angenehmen Überraschungen im Pilgeralltag – die Bar hat schon geöffnet! In der Kälte des frühen Morgens tut der Kaffee gut. Im Refugio war es ruhig heute nacht, nur ein bißchen »schnärcheln«, aber man konnte gut schlafen.

Gegen drei Uhr war ich mal wach und habe draußen eine Zigarette geraucht. Der Mond stand klar am Himmel, die Burg am gegenüberliegenden Berghang war angestrahlt – es war eine ruhige, schöne Nacht, in der ich mir fast das Ankommen nicht mehr vorstellen konnte.

In der Laudes der Satz: *Wer auf rechten Wegen geht, der darf mir dienen (Ps 101)* – ob ich auf dem rechten Weg bin?

Alto do Poio, 19.30 Uhr

Das war ein schöner, aber auch anstrengender Tag – 20 km incl. Cebreiro mit seinen wohl 1000 Höhenmetern. Heute abend haben wir uns erfolgreich aus der Pilgerschar ausgeklinkt. Alle anderen übernachten entweder auf dem Cebreiro oder in Triacastela – so sind wir in dem kleinen Höhengasthof als Pilger allein. Das ist schön so – und nach dem Tag tut es mir gut, daß es hier kein Matratzenlager gibt und auch keine größeren Schnarchorgien zu befürchten sind.

Der Aufstieg war für mich ziemlich hart, wir kamen am späten Vormittag in die Hitze hinein, die mir zu schaffen gemacht hat. Aber nun gut – wir haben viele Pausen gemacht – und jetzt sind wir hier. Und nach einer warmen Dusche sieht die Welt auch schon wieder anders aus.

Landschaftlich war es schön – Höhe gewinnen, sich in der Weite verlieren, Horizonte hinter sich lassen, neue Horizonte entdecken. Der Cebreiro gab sich leicht touristenmäßig. Ich bin froh, daß wir noch die 8 km bis Alto do Poio gegangen sind.

Seit der Grenze zu Galizien begleiten uns jetzt die Kilometersteine, die treu und brav jeden halben Kilometer nach Santiago anzeigen. Noch sind es 143 km. Ich erlebe diese Kilometersteine sehr zwiespältig. Sie nerven mich ein bißchen, weil sie mich jeden halben Kilometer daran erinnern, daß es nur noch … km bis nach Santiago sind, daß dieser Weg sich auch seinem Ende zuneigt. Und mir wird schlagartig bewußt, daß ich heute in vierzehn Tagen in Deutschland Supervisionen zu geben habe – und mir ist vollkommen unklar, wie um alles in der Welt das gehen soll. Ich kann doch in dem Zustand, in dem ich momentan bin, keine Supervisionen machen …

Andererseits – so müde, wie ich heute mittag war, waren die Kilometersteine auch ganz hilfreich. Man hat gesehen, daß man vorankommt, und manchmal habe ich fast schon auf den nächsten Kilometerstein gewartet.

Aber wenn ich mich entscheiden müßte – ich glaube, es »nervt« mich ein bißchen mehr, als daß es mich mental unterstützt. Ich mag das Ende noch nicht in Blick nehmen – und doch kommt es unwiderruflich näher… wie soll das nur gehen? Ich ahne darum, daß der Weg *nach* Santiago genauso den Weg *zurück* braucht. Und diesen Weg muß ich für mich noch finden …

Einig sind sich Christiane und ich darin, wie notwendig die mentale Einstellung auf die jeweilige Tagesetappe ist. Wenn wir auf 27 km eingestellt sind, dann gehen sich diese 27 km – und wenn ich auf 15 km eingestellt bin, dann schaffen auch die es, einen ganzen Tag zu füllen. Jeder Kilometer, jeder Schritt, der zu gehen ist, will ernst genommen sein – überspringen geht nicht. Der Kilometer rächt sich. Der Cebreiro ist auch eine Gefahr – »es sind nur noch 142 km« – auch die wollen noch gegangen, bewältigt, verarbeitet, erlebt sein …

Als ich die Schriftstellen nachschlage, finde ich beim Weiterlesen eine Stelle, die ich nach dem Erleben des heutigen Tages sehr viel leibhaftiger nachvollziehen kann:

Auf allen Bergen werden sie weiden, auf allen Hügeln finden sie Nahrung. Sie leiden weder Hunger noch Durst, Hitze und Sonnenglut schaden ihnen nicht. Denn er leitet sie voll Erbarmen und führt sie zu sprudelnden Quellen. Alle Berge mache ich zu Wegen, und meine Straßen werden gebahnt sein. (Jes 49, 9d-11)

Alto do Poio, 22.20 Uhr

Das war ein wunderschöner Sonnenuntergang – mit ein Grund, warum ich hier oben in den Bergen übernachten wollte. Und was mich fast noch mehr fasziniert hat, waren die vielen Farbabstufungen der Grautöne der Berge.

Ich werde so reich beschenkt – und daß die Tage zusammen mit Christiane so gut klappen, ist nochmal Geschenk. Auch das ist nicht selbstverständlich. In mir ist viel Lust am Sein – viel Kraft zum Leben.

Alto do Poio, 23.00 Uhr

Meine Sehnsucht bekommt Bilder – ich werde mich erinnern an diese Tage der Weite, der Freiheit. Diese Bilder aber sind nur Abbild meiner Sehnsucht. Ich darf die Bilder, in denen ich etwas von diesem Geheimnis Gottes ahne, nicht mit der Sehnsucht verwechseln.

Mittwoch, 25.6.

Alto do Poio, 8.00 Uhr

Ich bin den Tränen nahe. Alles geht mir im Moment zu schnell. Es wäre schön, hier oben noch einen Tag zu bleiben, vielleicht der schönste Ort auf der noch verbleibenden Strecke. Und mal wieder schlafen, richtig lange, am Nachmittag, …

Ich möchte nicht, daß diese Tage vorbeigehen – und doch habe ich keine Wahl. Damit stellt sich nochmal neu die Frage nach dem »wozu?« – wozu werden mir diese Tage geschenkt und wozu nutze ich sie? Und ich ahne, daß ich in den verbleibenden Tagen eine Antwort auf diese Frage finden muß – sonst kann ich nicht ankommen und nicht heimkommen. Wenn dieses »wozu?« keine überzeugende Antwort bekommt, dann bleiben schöne Erinnerungen, eine Sehnsucht, die kein Ziel hat, vielleicht sogar eine »camino-Süchtigkeit«, die mich immer wieder hinaustreibt. Das aber kann es nicht sein.

Fast kommt es mir biblisch vor: Hier oben ist es schön, hier laßt uns Hütten bauen! Aber ich kann nicht bleiben. Ich muß wieder zurück zu den Städten, den Menschen. Weggehen – aus der Geborgenheit hinaus hin zu denen, denen es dreckig geht. Auch die Jünger müssen zurück in den Alltag, wo der »Teufel los ist«. Aber sie gehen anders zurück, als sie gekommen sind.

Triacastela, 19.00 Uhr

Abstieg vom Alto do Poio – es sind schöne, aber auch steinige Wege. Das Schienbein meldet sich kräftig, das Knie ein bißchen – die mentale Verfassung zeigt sich körperlich. Es geht nichts mehr.

So haben wir bereits in Triacastela Halt gemacht – und genießen das schöne Refugio und den halben Tag Auszeit. Ich denke, es ist sinnvoll. Der Körper scheint die Zeit zu brauchen, dann soll er sie auch haben. Und die Beine so zu überanstrengen, daß gar nichts mehr geht, 130 km vor Santiago, wäre auch dumm.

Inzwischen kultivieren wir es, »gegen den Strom zu schwimmen« – wenn alles an der Dusche ansteht, waschen wir die Wäsche – und bekommen die sonnigen Plätze an der Wäscheleine (der Abstieg zum Wäscheplatz hier im Refugio erweist sich als eines der schwersten Wegstücke). Und wenn alle anderen die Klamotten waschen, duschen wir. Das paßt ganz gut.

Sehr bewußt habe ich mir heute noch einmal die Tagesschriftstellen angeschaut. Und ich fühl mich getröstet und herausgefordert zugleich. Der Lesungstext war Gottes Bund mit Abraham, seine Zusage: *Deine Nachkommen werden so zahlreich sein wie die Sterne am Himmel.* Als Evangelium dann die Zumutung: *An ihren Früchten werdet ihr sie erkennen!*

Was werden meine Früchte sein von diesen Wochen? An was werde ich erkannt werden?

Triacastela, 20.30 Uhr

Abendstimmung im Refugio – wir sitzen auf dem Wäschetrockenplatz, um uns herum baumeln gewaschene T-Shirts, Socken, BHs, Unterhosen. Das Abendessen war sehr gut, ich habe gelernt, daß »Redondo« eine Art »Rollbraten« ist, und hervorragend schmeckt. Jetzt trinken wir noch einen Rotwein – und uns gehen Liedfetzen durch den Kopf: »Auf den guten Wind, der uns hergeweht, Freunde, laßt uns trinken!« – oder auch: »Was sollen wir trinken, sieben Tage lang ...«

Wir sind müde, obwohl die Wegstrecke nur kurz war, es liegt viel hinter uns. Heute abend feiern wir das Unterwegssein.

Donnerstag, 26.6.

Triacastela, 8.30 Uhr

Es war eine ruhige Refugio-Nacht. Ich schlafe fast jede Nacht acht Stunden und bin morgens doch todmüde. Das zeigt mir, was im Moment alles zu verarbeiten ist.

Nach einem kurzen Gespräch mit dem Hostalero, einem Blick auf das Wetter – bedeckt und feucht – und in den Wanderführer, entscheiden wir uns beim Frühstück in der Bar kurzfristig um: Die alten Pfade mögen nett und interessant sein, aber heute morgen auch ausgesprochen naß. Und ich trau meinem Bein noch nicht so ganz. Ich habe zwar keine Schmerzen mehr – aber ich bin vorsichtig. Also nun doch die Route über Samos, das ist weitestgehend Straße ohne Auf- und Abstiege. Wir setzen eher auf den sicheren als auf den schönen Weg. Ich glaube, die Entscheidung stimmt so.

Sarria, 20.00 Uhr

Auch die scheinbar normalsten Camino-Tage haben ihre Überraschungen – und die werden eindeutig geschenkt. 20 km Straße lagen vor uns heute morgen, der Himmel war grau in grau, aber »go west«!

Um halb zwölf waren wir in Samos... gut, der alte Kreuzgang war schön, auch der Klostergarten – aber die Wandmalereien im 1. Stock fand ich so erschreckend, daß ich nicht wußte, ob ich lachen oder weinen sollte. Der Pater war sehr nett und besorgt um uns. Im ersten Besichtigungsdurchgang war uns doch glatt die Kirche entgangen, was allerdings kein besonders großer Verlust war, wie sich herausstellte, als der Pater uns noch einmal zurückschickte. Schön war dann die Szene im Kreuzgang, als er seinen doch etwas weißlichen Arm gegen meinen gebräunten hielt und etwas von der Farbe des Strandes erzählte. Und es kämen viele Deutsche in das Kloster, und alle Deutschen würden so gut singen und die Akustik in der Kirche sei ja auch hervorragend – und plötzlich summte der Pater leise die Melodie von »Lobet und preiset ihr Völker, den Herrn!«

Als wir beim Mittagessen in der Bar sitzen, regnet es sich allmählich ein. Na gut, so ist es jetzt halt. Sarria bleibt trotzdem angesagt. Zwischendrin Aufregung im Restaurant, ein Auto hat einen Fahrradpilger angefahren, »ambulance« ist notwendig – hoffentlich ist er nicht zu schwer verletzt.

Wir sind gerade dabei, die Rucksäcke regensicher zu verpacken, da kommt Martin zur Tür herein, schaut Christiane an, die ihm wohl irgendwie bekannt vorkommt – und dann nehmen wir uns herzlich in den Arm. Er ist wieder auf dem Weg, die Füße machen mit – und er ist wohl genauso überrascht, uns hier zu treffen, wie umgekehrt. Meine Nachrichten und Grüße hat er bekommen – das System funktioniert auf dem camino – und er ahnte uns einen Tag voraus. Daß wir gestern nur eine halbe Etappe gemacht haben, hat ihn »herangebracht« – und da wir morgens erheblich später losgehen als er, trifft nun unsere Mittagspause heute mit seinem Wanderfeierabend zusammen. Wir freuen uns über das Treffen, Christiane und ich hängen an die Mittagspause noch eine halbe Stunde dran, erzählen und bringen uns gegenseitig auf Stand.

Ich bin froh, Martin wieder auf dem Weg zu wissen – und gut drauf dazu. Und ich erlebe das Treffen als Geschenk. Zwei Minuten später, und wir wären weg gewesen. Trotzdem können wir uns beide gut lassen – wir werden uns spätestens in Santiago sehen und vereinbaren, im Pilgerbüro Nachricht zu hinterlegen.

Bei leichtem Nieselregen gehen wir los. In der Kurve steht noch der Krankenwagen, und die Ärzte kümmern sich um den verletzten Radfahrer. Mitten in meiner Freude holt mich eine andere Wirklichkeit ein – und meine Hilflosigkeit. Ich kann nur ein Stoßgebet gen Himmel schicken – und leicht bedrückt und schweigend gehen wir beide weiter.

Zwölf Kilometer bis Sarria – angesichts des Regens entscheiden wir uns wiederum für die Straßenvariante und nicht für die Fußgängerstrecke. Bei dem Wetter tut es gut, einfach vor sich hinzustapfen und nicht groß auf den Weg achten zu müssen. Zwischendrin regnet es kräftiger, und wenn die Lastwagenfahrer nicht gescheit Abstand halten, dann werden wir ziemlich naßgespritzt. Aber die Wolken, die Landschaft, die uns beide an Irland erinnert, entschädigen für vieles. Wir sind naßgeregnet, verschwitzt – aber ausgesprochen zufrieden.

Sarria ist nicht besonders hübsch, eine ganz normale Einkaufsstadt halt. Da es in den Führern eher negativ beschrieben ist, es hier derzeit kein Refugio gibt, sind wir wohl die einzigen Pilger, die sich hierher »verirrt« haben. Aber wir haben ein schönes Hotel für die Nacht und können die letzten Vorräte für die Strecke bis nach Santiago ergänzen – Fußcreme, Filme, »magic money machine« …

Kurz vor Sarria unterhalten wir uns noch darüber, daß wir froh sind, heute abend mal nicht auf die Suche nach einem Stempel gehen zu müssen – unseren Tagesstempel haben wir in Samos bekommen. Und mein Pilgerausweis ist eh schon voll – die letzten zwei freien Felder will ich mir für Santiago aufheben. Inzwischen laß ich mir ins Pilgertagebuch stempeln.

Die erste Bar in Sarria ist unsere, wir verstauen das Regenzeug, trinken einen Tee, ein Bier und suchen die Hotelliste hervor. Da kommt der Barbesitzer, der sich bisher eher zurückhaltend gezeigt hat, mit Stempel und Stempelkissen – ob wir einen Stempel wollten? Und, es ist kaum zu glauben, in dieser kleinen, unscheinbaren Bar haben sie einen ganz hübschen Stempel. Ich finde es nur spannend – das ist vielleicht auch die Lektion des heutigen Tages: In dem Moment, wo man etwas nicht mehr hinterherjagt, bekommt man es geschenkt. Das scheint für Begegnungen wohl genauso zu gelten wie für Stempel.

Heute haben wir das Einkaufen vor das Duschen gestellt – auch das stimmt so. Ich habe noch ein mittleres Abenteuer vor mir: Ich muß Unterhosen kaufen. Als wir vorhin durch die Stadt gingen, habe ich ein entsprechendes Geschäft entdeckt – und während Christiane noch mit der »magic money machine« beschäftigt ist, wage ich mich schon mal hinein und treffe dort auf zwei Ordensfrauen. Naja, dann kann das ja wohl nicht so falsch sein. Ich oute mich relativ schnell als nicht-spanischsprechend – und bekomme damit die besondere Aufmerksamkeit der Ladenbesitzerin und der beiden Ordensfrauen, die sich rührend um mich bemühen. Nach einer ersten Fehleinschätzung, als man mir Männerunterhosen vorlegte, bemüht man sich dann um das genaue Gegenteil – Spitzenunterwäsche. Das aber ist nicht gerade das, was ich mir für das Wandern auf dem camino vorstelle – ich dachte eigentlich an ganz einfache Baumwollunterhosen. Mit Mühe kämpfe ich mich durch den Berg von Spitzenunterwäsche durch, irgendwo war doch was gewesen, was ich mir zumindest halbwegs vorstellen konnte. Inzwischen ist Christiane hereingekommen und amüsiert sich köstlich über mein verzweifeltes Gesicht, weil ich ans nächste Refugio denke, und die deutliche Freude der beiden Ordensfrauen, die mir lustvollst die Unterhosen entgegenhalten, dazwischen die Geschäftsinhaberin. Wann mögen die beiden Ordensfrauen wohl das letztemal so interessiert und dazu aus einem guten Zweck heraus, Spitzenunterwäsche inspiziert haben? Schließlich einigen wir uns auf zwei Exemplare, die mir passend und angemessen zu sein scheinen – und scheiden mit einer längeren Geschichte der Inhaberin, die über ihre Arbeit bei den Deutschen irgendwann im Zweiten Weltkrieg oder davor erzählt, so ganz habe ich es nicht verstanden. Solche Geschichten bekommen wir hier häufiger mit – auch wenn wir sie manchmal eher nur erahnen. Grundsätzlich wird uns als Deutschen viel Wohlwollen entgegengebracht – immer wieder erzählt jemand, daß er in Deutschland gearbeitet hat, daß ein Sohn oder eine Tochter dort wohnt, ...

Das war ein echter camino-Tag heute. Und seine Lektion heißt wohl: Die Überraschungen des camino sind nicht zu Ende, bevor Santiago erreicht ist. Abschied kann ich dann und dort nehmen – noch liegen fünf Tagesetappen vor uns – und da kann noch viel passieren.

Mit den Beinen lief heute alles bestens. Ich glaube, daß der physische und der psychische Crash-down wirklich zusammengehängt haben. Mir ging's gut – und dann läuft es sich auch wieder. Und wenn's nicht gut läuft, dann darf ich auch liebevoll mit mir selbst sein – auch Triacastela kann eine wichtige Lektion für den Alltag sein.

Bei vino tinto, Käse, Schinken und hervorragendem Brot sitzen wir in der Bar und lassen den Tag ausklingen. Ich denk, es war ein guter Tag …

Sarria, 22.45 Uhr

Gerade find ich bei Jean Vanier noch den wunderschönen Satz: »*Denn die Herrlichkeit Gottes ist jeder einzelne Mensch, der wirklich lebt*« – und das haben wir heute wirklich getan – gelebt!

Freitag, 27.6.

Portomarin, 21.00 Uhr

Der Weg war wunderschön heute – die alten »Trampelpfade« waren ausgesprochen abwechslungsreich, es gab schöne Aussichten, viele Dörfer, mir ist nicht langweilig geworden.

Mit Portomarin sind wir allerdings mal wieder an einem Knotenpunkt der Pilger angelangt. Angeblich hat das Refugio 100 Liegen – 52 davon bleiben uns verborgen, die restlichen 48 sind voll belegt, die Radfahrer sind schon mit leicht betrippeltem Gesicht weggefahren. Ich ahne, daß es eine Astorga-Nacht geben wird – und tendiere für morgen abend wieder eindeutig zum Hotel. Kalte Duschen mögen nett sein, wenn man erhitzt ist – wenn man durchgefroren ist, ist es nicht die reinste Freude.

Unbegreiflich bleibt mir, was all diese Menschen und uns in solch ein Refugio bringt, wenn es drei Häuser weiter ein gutes

Hostal gibt. Am Geld hängt es wohl bei den wenigsten. Was bringt erwachsene Menschen dazu, sich mit zwanzig anderen in einem Schlafsaal einzuquartieren, den anderen auf Armeslänge von einem entfernt?

Hier in Portomarin hat es mir die romanische Kirche angetan. Als der Stausee angelegt wurde, wurde sie Stein für Stein abgetragen und hier oben auf dem Berg wieder aufgebaut. Sie ist gerade in ihrer Schlichtheit schön – und fasziniert hat mich der Lichteinfall. Das scheint mir ein schönes Bild zu sein: Ich sehe die Sonne nicht direkt, aber ich sehe das Licht, das sie wirft.

Der Neuaufbau der Kirche hat seine Konsequenzen gehabt. Schon vorhin, als ich das erstemal in der Kirche war, habe ich mich gewundert: Ach, eine digitale Liedanzeige in grün im Chorraum – und die zeigt noch das Lied 636 an. Die haben sie wohl vergessen auszuschalten. Beim Gottesdienst heute abend zeigte sie auf einmal 801 an – und das, obwohl überhaupt keine Lieder gesungen wurden. Nur langsam konnte ich mir eingestehen, daß man doch tatsächlich eine digitale Uhr mitten in das Sandsteinkreuz im Chorraum dieser so wunderschönen Kirche hineingebaut hat.

Samstag, 28.6.

Palas de Rei, 20.30 Uhr

Ein guter Tag – trotz Dauerregen auf 25 km. Aber wir hatten einen guten Schritt drauf, haben die Nässe gut verkraftet.

Die Nacht im Refugio war ruhig. Ab 7.00 Uhr wurde es nervig, weil zehn Leute gleichzeitig in einem Raum packen wollten, in dem es effektiv keinen Platz gibt. Die anderen zehn haben sich klugerweise entschieden, erstmal im Bett zu bleiben, um noch ein bißchen vor sich hinzudösen – und den schlimmsten Trubel an sich vorbeigehen zu lassen. Mich macht diese fast schon aggressive Nähe am frühen Morgen ziemlich gereizt – und ich werde sehr schweigsam, such mir ein Plätzchen für mich.

Heute morgen dann dichter Nebel – oder tiefhängende Wolken? Christiane tippt auf schönes Wetter – aber nach einer Stunde holt uns der Regen ein, um dann den ganzen Tag nicht mehr aufzuhören. Das hatte mir wettermäßig wirklich noch gefehlt – ein Tag Dauerregen. Und ich kann mir inzwischen Strecken vorstellen, wo es nicht so einfach gewesen wäre, mit dem Regen fertig zu werden. Wenn überhaupt einen Tag Regen, dann hier auf dieser Etappe.

Palas de Rei, 21.30 Uhr

Das Abendessen hat gut getan – Nudelsuppe und Filet mit Pommes, die ausgesprochen gut schmecken. Nach der Dusche, vino tinto und warmem Essen wird mir langsam auch von innen her warm. Das Wetter heute und der Tag haben Kraft gekostet.

Die Refugios sind mit ihrer Größe und Vollbelegung für mich nicht sehr attraktiv – meine Lust und Bereitschaft schwindet zusehends, mich nach einem solchen Tag wie heute unter eine kalte Dusche zu stellen. Auch hier ist das Refugio voll, und ich bin nur froh, daß wir dieses Hotel entdeckt haben. Und zum erstenmal seit vierzehn Tagen habe ich ein Einzelzimmer. Auch das hat durchaus seinen Reiz …

Beim ersten längeren Stop heute auf dem Weg – endlich einmal in unserem langersehnten Buswartehäuschen, nach denen wir uns in den letzten Tagen immer gesehnt haben, wenn es regnete – kam plötzlich ein Pilger vorbeigezogen, hielt inne, kam auf mich zu und grüßte mich: »Hallo Andrea, wie geht's?« Zu meinem großen Erstaunen war es Helmut, den ich am ersten Abend in St-Jean getroffen habe, der so fürchterlich geschnarcht hatte, und den ich vollkommen aus dem Blick verloren hatte. Er fragt uns nach zwei Mitpilgern, die ihm voraus sein müßten und mit denen er geht. Ja, die sind vor einer Viertelstunde hier vorbeigezogen und haben uns angesprochen, sie hätten den camino verloren, wo es denn nun weiterginge. Christiane und ich haben uns ein bißchen ungläubig angeschaut, schließlich sitzen wir grad vor dem Refugio, sind mitten auf dem Weg. Und ob es denn hier irgendwo eine Bar gäbe, ihr Führer sei regensicher im Rucksack verstaut. Ich denk mir nur: Aber auf die Leute vertrauen, die ihren Führer trotz Regen greifbar haben. Na gut – ich verbeiß mir meine bissigen Kommentare und sag nur, daß die nächste Bar in einem Ort 4 Kilometer von hier ist.

In Hospital da Cruz ist der Weg zur Bar erfreulicherweise wieder gut ausgeschildert bzw. richtiger »aufgesprüht«. Vor einer Tür stehen zwei Plastiktische, regennaß. Ein Mädchen weist uns den Weg – 10 Meter weiter ist die Garage zur »Not-Regen-Bar« umgebaut worden. Die Stimmung ist hervorragend. Überall stehen Rucksäcke herum, Regenjacken hängen an Haken, eine Glühbirne hängt von der Decke herunter, wir bekommen Kaffee und Tee, andere ihr Bier, Christiane ihr Bocadillo, dazwischen läuft ein ausgesprochen intelligentes Huhn herum, das die Brosamen aufpickt. Die Frau serviert mit aufgespanntem Regenschirm – kurz, es ist nur gut.

Der Regen hat sich in einen dauerhaften Landregen verwandelt – aber die Wegstrecke von Hospital nach Eirexe läuft sich trotzdem gut. Irgendwann entsteht die Idee, das Refugio in Eirexe anzulaufen und dort eine Teepause einzulegen. Und das paßt. Eine ganz liebe und nette Frau managt dort das Refugio und scheint sich mit uns zu freuen, daß unsere Stimmung trotz des Wetters so hervorragend ist. Christiane ist in ihrem Element: Tee kochen, Brühe machen, ... Teebeutel, Bouillonwürfel und Süßstoff haben bislang allen Abspeckungsversuchen des Rucksackes widerstanden – und kommen jetzt endlich, vier Tage vor Santiago, zum Einsatz. Als die Frau, die das Refugio betreut, noch ein Feuer im offenen Kamin anzündet, sehe ich schwarz für unser Weitergehen und bange ein bißchen um den weiteren Aufbruch. Christiane und Feuer, das hat eine ganz eigene Dimension. Um halb fünf brechen wir schließlich auf, noch 7,5 km bis Palas de Rei. Die nette Frau hat uns schon darauf hingewiesen, daß dort im Refugio die Gruppe von sechzig spanischen Jugendlichen untergebracht ist – für uns ein Grund mehr, ins Hotel zu wechseln. Und das nach diesem nassen Tag sowieso.

Die nächste Stunde im Regen läuft prima. Wir haben ein gutes Tempo drauf. Dann, nach ca. 5 Kilmetern, ein Buswartehäuschen. Die Chance soll man nicht vorübergehen lassen. Und kaum haben wir uns dort eingenistet, setzt ein prasselnder Regenguß ein. Wir machen es uns gemütlich, hocken hier ganz trocken und geborgen. Wieder einmal sind wir zur richtigen Zeit am richtigen Ort.

Als der Regen nachläßt, brechen wir wieder auf. Feldweg oder Straße, das ist die Frage. Die Spritzfontänen der LKWs lassen es uns mit dem Feldweg probieren. Aber der Schlamm läßt uns schnell wieder zur Straße zurückkehren.

Schnell finden wir das Hotel – wir sind froh, daß wir ein Dach über dem Kopf haben und freuen uns auf die warme Dusche.

Christiane und ich gehen arbeitsteilig vor. Sie kauft ein – ich gehe ins Refugio, Stempel holen, nach Bekannten Ausschau halten, eine Nachricht im Gästebuch hinterlassen.

Die Botschaft des heutigen Tages: der lange Atem. Go west – auch wenn die Sonne dir nicht den Weg weist, wenn nur die Pfeile den Weg zeigen …

Sonntag, 29.6.

Palas de Rei, 9.00 Uhr

Die Wanderschuhe sind noch leicht feucht, alles andere ist über Nacht halbwegs getrocknet. Christiane beschreibt das Wetter als »Ton in Ton«. Das ist eine nette Umschreibung, zumindest regnet es im Moment mal nicht. Die Bluse müffelt ein bißchen vor sich hin – aber bei dieser Luftfeuchtigkeit zu waschen, wäre vollkommen unsinnig. Das Zeug würde gar nicht mehr trocken.

Von hier aus sind es noch 65 Kilometer bis nach Santiago. Irgendwie ist das eine dumme Entfernung. Es ist schon so nah, daß man sich wirklich ernsthaft überlegt, ob es sich lohnt, das schwarze Polo nochmal zu waschen – andererseits ist es noch so weit, daß man heute nicht mehr hinkommt. Ich erlebe es als ein »dazwischen« – irgendwie »nicht mehr«, aber auch »noch nicht«.

Und das erste, was ich mir dort kaufen werde, wird ein Sweat-Shirt sein, flauschig-warm und weiß – und sauber …

Ribadiso, 21.00 Uhr

Die Großetappe ist geschafft. Laut Führer waren es 27, laut Kilometersteine 25 Kilometer. Es reicht jedenfalls, um rechtschaffen müde zu sein. Ich habe mit den dauernden Auf- und Abstiegen heute wieder einmal das Knie bemerkt – es wird Zeit, daß wir nach Santiago kommen. Und es ist gut, daß jetzt nur noch zwei Zwanziger-Etappen vor uns liegen.

Das Refugio hier ist wunderschön, herrlich an einem kleinen Fluß gelegen, alte Gebäude, die neu hergerichtet worden sind, alles ist sehr großzügig angelegt. Endlich mal keine Enge in den Waschräumen, ausreichend Wäscheleine, viel Platz ums Haus. Dafür ist es abseits gelegen, das heißt, heute abend ist Selbstverpflegung angesagt, weil wir beide keine Lust haben, nochmal zwei Kilometer bis zum nächsten Gasthaus zu laufen und wieder zurück. Uns ist es recht so, wir wußten es und haben uns proviantmäßig drauf eingestellt – und so werden auch endlich die letzten beiden Dosen Thunfisch aufgemacht.

Wir picknicken gemütlich am kleinen Fluß. Wenn's noch ein bißchen wärmer wäre, wäre es nur schön – aber es geht grad noch, wenn man im Pullover draußen sitzt. Immerhin – das Wetter hat heute weitestgehend gehalten, auch wenn es manchmal sehr nach Regen aussah. Aber die Sachen im Rucksack sind schon klamm nach den letzten Tagen.

Melide haben wir sehr schnell hinter uns gelassen. Dort war Markt – und es war laut und voll und unangenehm eng. Sogar in der Bar hat uns die Panik ergriffen, so daß wir kurzerhand flüchteten.

Heute vor fünf Wochen bin ich in St.-Jean los – morgen in einer Woche bin ich daheim. Und nochmal interessant wird die Frage: Was heißt für mich Santiago? Mir fällt das Bild vom himmlischen Jerusalem ein, das Lied *»In deinen Toren werd ich stehen, du freie Stadt Jerusalem, in deinen Toren kann ich atmen, erwacht mein Lied!«* – Santiago als Sinnbild, als Chiffre für meinen Lebensweg, für das Ziel, auf das hin ich ausgerichtet bin, als Bild für mein Leben. Wegstrecken mit viel Kraft, Etappen mit dem notwendigen langen Atem, Grenzen, die ich erreiche,

Strecken, die ich alleine gehen muß und darf, Wegabschnitte voll Zärtlichkeit und Behutsamkeit, voll Nähe und Begegnung, Wege mit Vertrautheit und Ritualen. Da ist heute abend viel Sehnsucht nach Leben in mir – und diese Sehnsucht ist bereits schon wieder Lebendigkeit.

Noch einmal neu verstehe ich das Wort »lebenssatt« – nicht lebensmüde. Voll von Leben, voll von Eindrücken, von Erfahrungen – jetzt wird es Zeit, anzukommen.

Hinten im »Refugio-Schuppen« ist »high-life«. Ich habe den Eindruck, da löst sich grad viel an Spannung, die einen doch über lange Zeit begleitet hat. Der Kilometerstein »40« ist passiert, was soll da noch viel geschehen?

Schön – zu meiner Schlußzigarette ertönt grad das Lied »Guten Abend, gut Nacht« auf italienisch. Das hat mir zu meiner Stimmung grad noch gefehlt.

Montag, 30.6.

Rua, 20.00 Uhr

20 Kilometer vor Santiago – ein schönes und spannendes Gefühl! Heute abend ist viel Zufriedenheit in mir, ein bißchen Ausgelassenheit, aber auch ein Gefühl, das sehr in die Tiefe geht, ein Erfüllt-Sein …

Santiago – 5 1/2 Wochen zu Fuß unterwegs – seit Jahren geträumt – seit zwei Jahren organisiert – und morgen werde ich nun ankommen …

Meine Stimmung tendierte tagsüber von melancholisch bis gereizt. Traurig bin ich ein bißchen, weil Martin nicht wieder aufgetaucht ist. Ich wäre gerne nochmal einen Tag mit ihm gegangen. Ich bin zwar sicher, daß wir uns in Santiago sehen werden – aber dann wird es anders sein.

Das Knatschige hat Christiane ein bißchen mitbekommen, und ich bin froh, daß sie mir bestätigt, daß sie davon nichts abgekriegt hat. Das wäre mir nicht recht gewesen. Das Melancholische – damit war ich heute allein und bei mir – und das war wohl gut so. Auch in meiner Auseinandersetzung mit diesem Weg, mit mir, bin ich allein geblieben. Und das geht wahrscheinlich gar nicht anders.

Morgen also Santiago. Ja, ich bin ein bißchen wegsatt. Der heutige Tag war eine gute Zusammenfassung – abwechslungsreiche Wege, Schlammstrecken, abenteuerliche Steinbrücken, Nationalstraße, Dörfer, Bars, ... – anderes hat gefehlt, die Einsamkeit der Bergstrecken, die Begegnung mit den Pilgern. Kurz vor Santiago pendeln sich die Tagesetappen ein, man wird nicht mehr von hinten überholt, überholt selbst niemanden mehr.

Vorhin – in der Badewanne, das warme Wasser wohlig genießend, dachte ich mir: Den Weg möchte ich nach Abschluß des Studiums noch einmal gehen ... und schauen, was sich verändert hat, wo ich mich verändert habe, wo der Weg sich verändert hat. Ich glaube, das könnte ganz spannend werden. Ich brauche den Weg nicht im nächsten Jahr schon wieder zu gehen, wie so manche Mitpilger – die Erfahrung dieser Wochen wird lange reichen. Und es würde auch meine Sehnsucht nicht stillen, wäre nur Abbild dafür. Die Sehnsucht ist größer, wie es Augustinus sagt ... – aber warum eigentlich nicht in sieben oder acht Jahren nochmal den Weg gehen?

Rua, 23.00 Uhr

Eigentlich haben Christiane und ich heute abend schon gefeiert. Ein schönes, kleines Hotel, ein ausgezeichnetes Abendessen, ein guter Wein – und in unserer Ausgelassenheit haben wir einfach einen neuen Ausdruck kreiert: »Uns geht's west!«

Wenn morgen nicht eine von uns nochmal bös auf die Nase fliegt, dann sind wir am Nachmittag in Santiago. Und so allmählich rückt damit auch die Heimkehr, vor allem von der praktischen Seite, in den Blick. Wenn wir am Freitagmorgen fahren, dann sind wir am Samstagnachmittag daheim. Der Sonntag dann zum Ankommen und Umschalten – ich freu mich auf den Gottesdienst in meiner kleinen Gemeinde.

Es war eine wichtige Erfahrung für mich, daß ich mich in eine mir fremde Welt und Kultur hineingegeben habe, eine andere Art zu leben ausprobiert habe, daß ich aufgebrochen und losgegangen bin, das Ziel im Auge behalten habe – und habe all das nicht nur überlebt, sondern dabei sogar sehr intensiv gelebt. Der Weg hat mich vieles gelehrt, was ich noch gar nicht in Sprache bringen kann. Ich kann nur hoffen, daß es in mein Herz geschrieben wurde…

Neugierig schlage ich die Schriftstellen nach, die für morgen angesagt sind – und bleibe bei denen von heute hängen: *»Die Vögel haben ihr Nest, die Füchse haben ihren Bau, der Menschensohn aber hat keinen Ort, wo er sein Haupt hinlegen kann« (Mt 8,20).* Schade, das wäre heute ein schönes Begleitwort gewesen. Nachfolge ist auch immer Ruf in die Unbehaustheit, die Ungeborgenheit – wobei auch die scheinbare Unbehaustheit schon wieder zum Alltag werden kann.

Morgen, zum Einzug nach Santiago, die Schriftstelle von der Stillung des Sturms auf dem See – *»was ist das für ein Mensch, daß ihm sogar die Winde und der See gehorchen?« (Mt 8,27).*

Als ich die Lesung nachschlage, muß ich doch lachen. Manchmal könnte man meinen, der Leseplan für diese Tage sei eigens für mich und meinen Weg zusammengestellt worden – aber ich bin mir ganz sicher, daß es nicht so ist. Morgen also wird mich die Stelle aus Gen 19,15-29 begleiten – der Aufbruch Lots, ein bißchen durch die Engel Gottes erzwungen – und Lots Frau, die zurückblickt und zur Salzsäule erstarrt. Und das zum Ankommen in Santiago …

Mir wird ein bißchen seltsam zumute in diesem Moment – diese Schriftstellen in so geballter Form gerade heute abend – das berührt mich sehr.

Dienstag, 1.7.

Rua, 8.00 Uhr

Christiane schläft noch so schön. Derweil trink ich schon mal einen Kaffee. Mir tut es ganz gut, gerade diesen Tag mit einer halben Stunde allein für mich beginnen zu können.

1. Juli – Santiago ist angesagt. Die letzten zwanzig Kilometer.

Mir gehen noch die Schriftstellen von gestern und von heute nach. Die Heimatlosigkeit – die Vögel haben ihr Nest – mitten im Chaos werden die Wellen, der Sturm beruhigt – wer zurückschaut, erstarrt zur Salzsäule.

Santiago – wozu? Um Bilder der Sehnsucht wachzuhalten, in mir und in anderen, um selbst Sehnsucht zu sein …

Mittwoch, 2.7.

Santiago, 1.30 Uhr

Angekommen – und doch noch nicht da. In mir ist ein seltsames Durcheinander von Traurigkeit, Angst, Freude, Zuversicht, Unzufriedenheit, Glück.

Der Tag ging zu schnell vorbei – und erst heute abend habe ich verstanden, daß ich ihn vielleicht hätte allein gehen müssen. Ich muß für mich ankommen – das geht nicht zu zweit.

Mitten in all diesem Durcheinander trägt die Pilgersolidarität. Doris, David und Martin sind da, er war in den letzten Tagen eine Dreiviertelstunde hinter uns.

Ganz allein heute abend in dieser Stadt – ich wäre verloren.

Ich bin noch sprachlos, wortlos in dieser Nacht.

Santiago, 14.00 Uhr

Heute in der Pilgermesse hat es mich gepackt ... es war beeindruckend, die wunderschöne, dunkle Kirche, der erleuchtete Altarraum, die Menschen, die an der Jakobusfigur vorbeizogen und den Apostel umarmten, das Spiel der Orgel, ...

Für mich war es wichtig, daß zwei Pilgergefährtinnen der letzten Tage eine Fürbitte vortrugen, die Schwedin und eine aus der italienischen Gruppe, daß Christiane, Doris, David und ich nebeneinander saßen.

Als sie dann das große Rauchfaß hochzogen und 25 Meter quer durch die Kirche schwenkten, da war es endgültig um mich geschehen. Ich konnte nicht mehr sitzenbleiben, ich mußte aufstehen – und mir kamen die Tränen. In dem Moment ließ endlich die Spannung etwas nach ...

Wir sind gestern ein ziemlich scharfes Tempo gelaufen. Irgendwie wollten wir beide ankommen. Wir haben nicht viel miteinander gesprochen, jede war bei sich. Die Strecke selbst war nicht so spannend, auf den ersten Kilometern waren die Kilometersteine noch willkommene Wegbegleiter – um dann bei Kilometer 12 ganz aufzuhören.

Der Monte del Gozo, der Berg der Freude, war eine Enttäuschung. Eine seltsame Plastik, übermannshohe Skulpturen vom Papst, ein verwirrender Blick auf Santiago. Und auch unsere Hoffnung auf das wohlverdiente »Ankommbier« wurde enttäuscht. Auch das Pilgerzentrum dort wirkt auf uns eher ausladend – in der doppelten Bedeutung des Wortes.

Santiago selbst kommt uns freundlich entgegen, kaum Industrie, relativ bald ruhige Straßen, faszinierende Bauten. Als wir schließlich vor der Kathedrale stehen, verstummen wir beide. Wir gehen auf die andere Seite des Platzes hinüber, setzen die Rucksäcke ab, lehnen uns an eine der Säulen, rauchen eine Zigarette und schauen einfach nur. In mir ist ganz, ganz viel – aber mir fehlen die Worte dafür.

Dann gehen wir in die Kathedrale hinein – das Kirchenschiff wirkt bergend, umhüllend, mystisch auf mich – aber auch ein wenig fremd. Ich bin fast wie in Trance. Irgendwie bekomme ich gar nicht so richtig mit, was da eigentlich geschieht. Ich stelle mich in die Reihe derer, die ihre Hand in die Einkerbungen der Säule des Portals legen wollen – finde mühelos die Stelle für die Finger, die unzählig viele Pilger vor mir in den Stein gegriffen haben – fast ist mir, als schmiegt sich der Stein mir entgegen. Ich neige den Kopf auf die Steinskulptur des Baumeisters dieser Kirche – und gehe schließlich zwei Schritte ins Kirchenschiff hinein. Hinter mir, im Halbdunkel, sehe ich die beiden Belgier – und es tut gut, sie zu sehen. Irgendwas bannt mich, ich kann und will jetzt nicht weiter in diese Kirche gehen, ich kann sie nicht anschauen, ich kann mich jetzt nicht hinsetzen – ich bin ganz tief bewegt.

Ich verständige mich kurz mit Christiane, der es wohl ähnlich geht. Als wir die Kirche verlassen, trippelt eine weiße Taube ganz zutraulich umher. In dem Moment bin ich nicht mehr bereit, noch irgendwas irgendwie zu deuten, es reicht an Eindrücken, und so greife ich zum letzten Mittel, um etwas nicht über das Maß hinaus an mich herankommen zu lassen: Ich fotografiere.

Diese Momente vor und in der Kathedrale verlangen jetzt ihr handfestes Gegengewicht – und so machen wir uns auf die Suche nach dem Pilgerbüro, um nun auch ganz amtlich unsere Wallfahrt bestätigen zu lassen. Ob ich es dann glauben werde, wenn ich es schwarz auf weiß besitze? Immerhin – der Versuch ist es wert.

Und dann Tourist-Information, Hotel suchen, duschen, weißes Sweat-Shirt, ...

Das Hotel kommt uns von alleine entgegen, 100 Meter hinter der Kathedrale – und wir ergreifen die Gelegenheit beim Schopf. Zwei Einzelzimmer für drei Nächte – alles bestens. Im Pilgerbüro, wo die Compostela ausgestellt wird, die Wallfahrtsurkunde, begrüßt uns ein riesenlanger Spanier. Der Santiago-Stempel, mal wieder eine Liste zum Eintragen »aus welchen Gründen...?«, eine Urkunde, ein bißchen größer als DIN A 4-Format, auf lateinisch. Dann werden wir in ein anderes Zimmer gebeten, wo uns ein priesterlich aussehender Herr dreimal die Hand schüttelt, beglückwünscht, willkommen heißt und dann wieder verabschiedet. Etwas verdutzt stehen wir schließlich wieder vor der Tür – und wissen nicht so recht, wie uns geschah. Es hatte was von einem gut organisierten Verwaltungsakt in einer Behörde – aber es half grad nicht beim Ankommen.

Vor dem Pilgerbüro überlegen wir, wie man eine DIN A 4-Urkunde am besten unbeschädigt im Rucksack nach Hause bringt. Die Geschäftsleute von Santiago haben die Marktlücke erkannt – genau gegenüber gibt es ein Schreibwarengeschäft, in dem man Kartonhüllen kaufen kann.

Da treffen wir die drei Österreicher. Es gibt ein »hallo« der kleineren Art – aber immerhin erzählen sie, daß sie grad Martin in der Kathedrale getroffen hätten. Schön – er ist gut gelandet!

Christiane und ich trennen uns. Ich brauche jetzt Zeit für mich, würde gerne probieren, Martin zu finden, träume noch meinen Traum vom weichen, weißen Sweat-Shirt. Ich laufe durch die Stadt, die sich als überraschend lebendig erweist, immer wieder Fetzen von Musik, neue, schöne Blickwinkel, Menschen – aber schließlich reicht es mir. In der Altstadt entdecke ich kein Geschäft, wo ich ein Sweat-Shirt bekommen könnte, das keinen Santiago-Aufdruck hat, sondern einfach nur weiß und schlicht ist – und Martin in diesem Durcheinander zu finden, das ist eh aussichtslos. Also zurück zum Hotel, duschen, endlich umziehen. Mit Christiane hab ich mich um halb neun zum Abendessen verabredet.

Martin sitzt in aller Selbstverständlichkeit der Welt im Straßencafé vor dem Hotel, im Gespräch mit einer jungen Frau. Wir freuen uns beide – und nachdem ich mich vergewissert habe, daß ich nicht störe, setze ich mich dazu. Kurz darauf höre ich einen Schrei – und Doris stürzt auf mich zu. Sie sind vor zwei Tagen angekommen. Und als David noch auftaucht, ist die Runde fast wieder komplett. Ich bin froh um die Wegfreunde, sie bringen ein wenig Sicherheit in das Durcheinander in mir.

Mit Martin verabrede ich mich auf den gleichen Abend in der Bar, wir alle werden morgen abend miteinander essen.

Das Abendessen mit Christiane ist okay – aber Feierstimmung will in mir nicht aufkommen. Ich bin eher ein bißchen traurig. Es darf so sein – und ich bin froh, daß auch Christiane mich so lassen kann.

Die Stunden mit Martin in der Bar sind gut und vertraut. Es gibt viel zu erzählen – und wir spüren, daß uns diese Vertrautheit wichtig ist und gut tut. Unsere Begegnung war und ist ein echtes »camino-Geschenk« – und so soll es bleiben. Dieses Geschenk soll nicht entwertet werden durch das Schreiben von Pflichtbriefen. Diese Behutsamkeit erlebe ich als eine Wertschätzung der Begegnung – jeder Versuch, den anderen festzuhalten, wäre zum Scheitern verurteilt – und würde genau dieses Geschenk entwerten.

So allmählich komme ich hier in Santiago an. Ich fühle mich frei genug, hier kein Besichtigungsprogramm absolvieren zu müssen. Vorrangig ist im Moment, daß ich wieder Boden unter die Füße bekomme, ankomme, Fuß fasse, den Tritt finde. Und so kann ich auch jetzt gut zwei Stunden hier in der Bar sitzen und Tagebuch schreiben und dann Mittagsschlaf machen. Ich verpasse nichts, ich muß nichts tun – ich kann und darf lassen …

Santiago, 23.00 Uhr

Ein schöner Santiagoabend… überall in dieser Stadt ist Leben, ist Musik, ich fange an, mich in die Atmosphäre dieser Stadt ein wenig zu verlieben – und bin froh, daß wir heute morgen schon die Fahrkarten für die Heimfahrt gekauft haben, sonst wäre ich wohl wirklich in der Versuchung, hier noch einen Tag dranzuhängen.

Der Abend war sehr schön – für Doris und David war es der Abschied von Santiago, sie fahren morgen heim. Wir waren miteinander essen – fürstlich und preiswert. Martin ist dann auf

Nachttour gegangen, er hat jemanden kennengelernt, der ihm das Nachtleben von Santiago zeigen will. Doris, David, Christiane und ich sind noch gemütlich durch die Stadt geschlendert. Der Vorplatz der Kathedrale war menschenleer, am Himmel wunderschöne Wolken, und David setzt sich im Schneidersitz mitten auf dem Domplatz vor die Kathedrale und nimmt Abschied. Und die Tränen waren ihm wohl ziemlich nahe. Von irgendwoher bläst ein Saxophonist das Lied »Should auld aquaintance be forgot« – »Nehmt Abschied, Brüder, ungewiß ist alle Wiederkehr ...« – und da wird mir nochmal ganz seltsam zumute.

Wir haben herzlich voneinander Abschied genommen – auch Doris und David waren ein camino-Geschenk.

Es war ein schöner Tag heute – ein Tag voll mit Musik, mit Melodien, mit Tönen. Ein Tag, an dem ich ein bißchen in der Stadt angekommen bin. In der Kathedrale, beim Hl. Jakobus, da werde ich wohl erst morgen ankommen. Aber auch das ist gut so.

In der Lesung des heutigen Tages heißt es: *Eure Liebe sei ohne Heuchelei. Verabscheut das Böse, haltet fest am Guten. Seid einander in brüderlicher Liebe zugetan, übertrefft euch in gegenseitiger Achtung! Laßt nicht nach in eurem Eifer, laßt euch vom Geist entflammen und dient dem Herrn! Seid fröhlich in der Hoffnung, geduldig in der Bedrängnis, beharrlich im Gebet! Helft den Heiligen, wenn sie in Not sind, gewährt jederzeit Gastfreundschaft! Segnet eure Verfolger, segnet sie, verflucht sie nicht. Freut euch mit den Fröhlichen und weint mit den Weinenden! Seid untereinander eines Sinnes, strebt nicht hoch hinaus, sondern bleibt demütig. Haltet euch nicht für weise! Vergeltet niemand Böses mit Bösem! Seid allen Menschen gegenüber auf Gutes bedacht! Soweit es euch möglich ist, haltet mit allen Menschen Frieden! (Röm 12, 9-18)*

Das könnte ein Lebensprogramm sein...

Donnerstag/Freitag, 3./4.7.

Santiago, 24.00 Uhr

Und da sitze ich vor dieser wunderschönen Kathedrale – und weine …

Ich nehme Abschied von diesen sechs Wochen, Abschied vom camino, Abschied von Santiago, Abschied von Martin. Alles vermischt sich – und allem ist gleich, daß es nicht festzuhalten ist.

Vieles in mir ist sehr, sehr weich, sehr berührbar. Und ich habe viel geweint heute abend.

Fast hat der Krach hier im Hotel schon wieder gut getan. Vorhin haben wir gezahlt, da die Bar morgen erst ab 9.00 Uhr geöffnet hat. Die Chefin hat noch gefragt, ob wir drei oder vier Nächte hier waren. Und soviel Spanisch kann ich inzwischen schon wieder, daß ich das verstehe. Ich sage »drei« – und zahle den gesagten Preis. Als wir vom Abendessen zurückkommen, fängt uns eine Angestellte im Flur ab. Aus Versehen hätte uns die Chefin nur zwei statt drei Nächte berechnet. Nachdem wir wußten, was die anderen hier im Hotel bezahlen, ahnte ich, daß der Chefin inzwischen eingefallen war, daß sie uns mal einen höheren Zimmerpreis gesagt hatte. Ich wurde schlichtweg sauer, hatte keine Lust mehr zu diskutieren, verstehe absolut kein Wort Spanisch mehr, schimpfe auf englisch und deutsch vor mich hin. Ich drücke der Frau das Geld in die Hand, weil ich einfach keine Lust habe, mir meine Stimmung kaputt machen zu lassen und denk mir nur: Schade, so ein Abschluß der Tage hier in Santiago hätte nicht sein müssen. Andererseits: Der Ärger bringt mich ganz gut aus meiner berührbaren Stimmung wieder in die Realität zurück – und hat mir eben auch dabei geholfen, den Rucksack zu packen.

Diese Aktionen haben wieder ein bißchen Boden unter die Füße gebracht. Aber ich kann mir immer noch nicht vorstellen, in 8 1/2 Stunden Santiago wieder zu verlassen.

Freitag, 4.7.

Im Zug, 11.30 Uhr

Es ist ein seltsames Gefühl, mit dem Zug durch diese nordspanische Landschaft zu fahren. In mir ist ein bißchen Traurigkeit, ein wenig Melancholie, fast kann ich mir nicht vorstellen, erst in sieben oder acht Jahren wieder auf dem camino zu sein, ...

Immer wieder tauchen Szenen, Bilder, Landschaften, Gesichter auf ...

Ich lese im kleinen Wanderführer die Strecke nochmal nach. Wieviel sicherer ist man am Schluß doch geworden im Umgang mit den Refugios, Bars, Supermercados, ... – wenn ich da an die ersten Tage zurückdenke, ...

Grad habe ich nochmal die Strecke von Roncesvalles nach Zubiri gelesen – mit welcher Selbstverständlichkeit würde ich heute auf die Straße wechseln, wie unbedarft war ich damals noch, wie sehr hab ich mich mit diesen Schlammwegen abgequält. Wieviel sicherer bin ich doch in der Handhabung der Wanderführer geworden, was hab ich mir alles an praktischen Fähigkeiten draufgeschafft – und jetzt ist das alles nicht mehr gefragt ...

Im Zug, 15.15 Uhr

Es ist seltsam, mit dem Zug jetzt nochmal an einigen Stellen des caminos vorbeizufahren – Astorga, Villadangos, León, die Strecke, die ich mit Martin gegangen bin, die Autobahnbrücke, da, wo ich mich verlaufen hatte,...

Damals war hier alles sattgrün, inzwischen reift das Getreide und gibt der Landschaft einen gelb-braunen Anstrich.

Im Zug, 20.00 Uhr

Pilgern heißt für mich nach diesen Tagen: »Mich festmachen in Gott und aufgrund dessen neu in Bewegung kommen ...«

Samstag, 5.7.

Im Zug von Paris nach Straßburg, 12.00 Uhr

Der camino geht weiter. Nachdem Maria in Burgos Abschied von Pete genommen hat, der von dort aus wieder zurück nach Holland wandert, kam sie zu uns ins Abteil, um sich ein wenig tragen und trösten zu lassen.

Es ist eine eigene Geschichte mit den beiden: Maria ist vor zehn Wochen in Arles losgegangen, hat dann irgendwann irgendwo Pete getroffen – und sie gingen zusammen weiter. Irgendwann fiel ihnen ein, daß sie ja eigentlich den Weg ganz alleine machen wollten, und so trennten sie sich wieder. Aber dann haben sie beide gemerkt, daß es das wohl auch nicht ist. So legte Pete einen Ruhetag ein, Maria machte eine doppelte Tagesetappe, so daß sie sich wiedertrafen und dann gemeinsam nach

Santiago gingen. Jetzt hat sie Pete verabschiedet und tröstet sich ein bißchen bei uns, indem sie erzählt. Ihr tut es einfach gut, Weggeschichten zu erzählen und zu hören. Und vielleicht ist es auch das, was das Refugio-Geheimnis ausmacht – die Verbundenheit derer, die auf dem Weg sind, die Geschichten, der »camino telegraph«. Von Maria hören wir Geschichten, die wir teilweise in anderen Versionen schon kennen, aber auch ganz neue, wie z. B. die von dem Leiter einer privaten Pilgerherberge am camino, der immer mal wieder sein Glück bei den Pilgerinnen probiert, das letztemal aber an eine gestandene, stämmige Fahrradpilgerin aus Holland geriet, die ihn kurzerhand rauswarf. Oder die Geschichte von dem Hundewelpen, der sich der kleinen Pilgergruppe anschloß, und den die Pilger dreimal wieder zum Haus zurückgetragen haben und beim letztenmal dann im mittleren Spurttempo losgerannt sind, um den kleinen Hund abzuhängen. Und da ist die Geschichte von Ludwig, der Geld sparen und mit Überlandbussen an Spaniens Südküste fahren wollte, um von dort aus mit einem österreichischen Busunternehmen für DM 100,-- wieder nach Hause zu fahren – und der jetzt eine Woche Badeurlaub einlegen muß, weil der Bus ausgebucht ist. Oder der Brasilianer, der sich mit wundgelaufenen Füßen und unter Tränen vor Schmerz den cebreiro hinaufgekämpft hat und andauernd verbissen vor sich hin gesagt hat: Ein brasilianischer Mann weint nicht… Und sie erzählt, daß Pete in einem Refugio von dessen Leiter »angemacht« worden ist. Sie hatten ihn das erstemal vor dem Refugio getroffen, sie saß mit Pete und zwei anderen Pilgern gemütlich zusammen – da tänzelte Juan heran, begrüßte sie freundlich, strich Pete über das Haar, legte irgendeine CD auf, um sie nach einem Lied schon wieder gegen eine andere auszutauschen, setzte sich in Szene – und kam schließlich mit einer langen schwarzen Perücke wieder, unter dem T-Shirt provisorisch einen Busen ausgestopft. Er wieselte um die Männer herum, strich Pete immer wieder durch das Haar, holte sich schließlich einen Stuhl und zwängte sich neben Pete, obwohl an der anderen Seite des Tisches noch ausreichend Platz war – und flötete verheißungsvoll mit aufgeschlagenen Augen: »I'm so dangerous – o, I'm so dangerous!« Es war ziemlich eindeutig – Juan war so was von schwul, wie man nur schwul sein kann – und machte kräftig die anwesenden Männer an, vor allem aber Pete.

Oh, dieser camino – es gibt wirklich nichts, was es nicht gibt.

Es sind Weggeschichten, die den camino auch menschlich erfahrbar machen ... sie werden Christiane und mich noch lange begleiten mit vielen »Weißt du noch?«, mit Bildern und Begriffen, die für uns auf dem Weg eine Bedeutung bekommen haben.

Im französischen Grenzbahnhof haben wir gestern abend noch gegessen – und unseren Schreck über die offene Wagentür, mit der der Zug durch Spanien raste, mit einem Bier weggetrunken. Bei Maria klärte sich die noch offene Frage, was sie nun eigentlich nach dem camino machen wolle, insoweit, daß sie mit uns nach Paris fährt. Der Liegewagen war nicht voll belegt, so daß sie in unserem Abteil noch eine Liege bekommen konnte. Hinzu kam ein junger Mann mit Rucksack, so daß wir ziemlich unter uns waren – und sogar im Zug ein bißchen Refugio-Atmosphäre aufkam – unterstützt von einem (oder waren es doch mehr?) Pappbecher mit vino tinto.

Jetzt sind wir genau 28 Stunden unterwegs – und mit welcher Gelassenheit ich das und die Menschen um mich herum ertrage, zeigt mir, daß sich etwas geändert hat.

Wahlheim, 19.40 Uhr

Das Heimkommen mag die schwerste Etappe sein ... sogar 32 Stunden Zugfahrt haben dafür nicht ausgereicht. Und dabei sind alle so liebevoll ...

Manfred hat mich am Bahnhof in Worms abgeholt, hat sich den Abend für mich Zeit genommen, hat Lebensmittel eingekauft und sogar an Milch gedacht – und schenkt mir zum Ankommen ein schönes Buch von Santiago. Als wir durch die Stadt fahren, kommt mir das sehr schnell vor – und ich sage es auch. Er schaut mich besorgt an: »Ich fahr grad 30!« Beim Abschied erinnert er mich daran: »Denk dran, auf der Autobahn mußt du mindestens 60 fahren!« Peter hat die Wohnung und die Post gut versorgt, es gibt keine mittleren Katastrophenmeldungen, Hildegard hat Brot mitgeschickt, frische Blumen stehen auf dem Tisch ...

Und doch ist es nicht einfach. Ich ignoriere erfolgreich die Poststapel, sitze an meinem Eßtisch, habe die CD mit der Musik aufgelegt, die immer von dem kleinen Geschäft in Santiago zu mir ins Hotelzimmer hochklang – und in mir sind ganz viele Bilder ...

Maria hat heute mittag gesagt: »Ich weiß gar nicht mehr, wie das geht, nicht zu pilgern. Was macht man, wenn man am Abend kein Refugio suchen muß, keine Planung für die nächste Wegetappe macht, sich nicht mit anderen über den Weg unterhält, nichts zu essen organisieren muß? Wie ist das, wenn man am Morgen keinen Rucksack packen muß, um wieder weiterzuziehen? Wie macht man das, nicht mehr so zu leben?« – Ja, wie macht man das? Was mache ich am Donnerstag mit der Kursgruppe? Und wie soll ich am Dienstag Supervision geben? Wie macht man das, in den Alltag zurückzukehren? Und so verändert in den Alltag zurückzukehren? Ich weiß es auch nicht ...

und ich bin im Moment ratlos. Das Auto fährt zu schnell, die Wohnung ist so groß, der Kleiderschrank so voll, …

Der camino geht weiter – aber ich hab grad die gelben Pfeile verloren.

Sonntag, 6.7.

Donnersberg, 14.00 Uhr

Beim Wandern muß ich mir regelrecht klar machen, daß ich nicht mehr auf dem camino bin. Der Blick nach gelben Pfeilen ist aussichtslos, und wenn ich die anderen Wanderer mit »hola!« grüßen würde, würde ich auch nur verwunderte Blicke ernten. Gleich bleibt, daß ich auch hier ins Schwitzen komme, die Wege teilweise naß und glitschig sind – und daß ich noch einen guten Schritt drauf habe. Das Laufen tut nach den Tagen in der Stadt und der langen Zugfahrt gut. Heute morgen hat mir die Achillessehne anscheinend vom Nicht-Laufen weh getan. Seitdem ich unterwegs bin, ist alles wieder okay.

Ein bißchen komme ich inzwischen schon an – wenn mir auch grad alles noch zu groß, zu schnell, zu viel und manchmal auch zu laut ist. Erste Aufräum- und Wegräumaktionen, eine Liste, was ich in dieser Woche kaufen oder organisieren muß, die restlichen Peseten sind aus dem Portemonnaie geräumt, …

Mir tut es gut, daß es Menschen gibt, die sich freuen, daß ich wieder da bin …

Montag, 7.7.

Mainz, 17.00 Uhr

Die Filme sind abgegeben, die Uhr hat wieder ein Armband, ich war schon beim Friseur, habe die CD mit dem Lied »Go west!«, die erste Tagebuch-Datei ist in den Computer eingetippt. Dieses Tagebuch abzuschreiben, das wird nochmal eine ganz eigene Auseinandersetzung mit dem Weg werden.

Der liebe Gott tut wirklich nichts als fügen – daß am Dienstag die Supervision ausfällt und der Kurs nicht stattfindet, erlebe ich als ein Geschenk des Himmels. Das gibt mir den notwendigen Freiraum, den ich jetzt brauche. Der Kurs mit den Familienpflegerinnen noch und die Woche in Würzburg – und die drei folgenden Wochen bin ich daheim. Ich glaube, das wird mir gut tun …

Sehr berührt hat mich gestern die Lesung im Gottesdienst, die Berufung des Ezechiel: »Steh auf, ich will mit dir reden« und »geh zu dem widerspenstigen Volk!« Das ist nochmal Auftrag, Berufung und Sendung – und Aufbruch.

Donnerstag, 10.7.

Achern, 14.00 Uhr

Als ich gestern den letzten Tagebucheintrag von St.-Jean in den Computer tippte, fiel mir auf, daß mein camino von »Sendungsstellen« eingerahmt ist. Am Samstagabend in St.-Jean war es die Aussendung der Jünger bis ans Ende der Welt, beim Gottesdienst in Freimersheim die Berufung des Ezechiel, in Carrion die Aussendungsstelle mit dem »*Nehmt nichts mit auf den Weg!*« – und als ich heute die Tagesschriftstellen nachschlug – schon wieder genau diese Stelle. Und die Schriftstelle kommt am Sonntag gleich nochmal.

Das »wozu« meines camino und das »wozu« des Theologiestudiums stehen im Kontext mit den Menschen, steht im Kontext mit Sendung und Beauftragung. In Dienst genommen …

Sonntag, 13.7.

Karlsruhe, 1.00 Uhr

Es war ein schöner Abend mit Klaus – ich konnte erzählen –, und Klaus konnte gut zuhören.

So allmählich habe ich das Gefühl, der camino ist im Moment so weit erzählt, wie er erzählt werden kann.

Der äußere Weg wird morgen seinen Abschluß finden – im Gottesdienst und dann in »meiner Kirche« in Rosheim –, der innere Weg wird weitergehen.

Obersasbach, 20.00 Uhr

Dieser Gott hört mit dem Schenken gar nicht mehr auf …

Bis ich im Elsaß war, hatte sich der Himmel so zugezogen, daß ich doch per Auto auf den Odilienberg gefahren bin. Dort war es so voll, wie ich es noch nie erlebt habe – aber das hat mich heute nicht gestört. Die vielen Menschen können dem Berg nichts nehmen – der hat was. Und ich bin einfach gerne dort oben.

Um 15.00 Uhr wurde die Vesper auf französisch gebetet – und ein Psalm auf deutsch. Das war schön.

Danach bin ich nach Rosheim gefahren. Die schöne romanische Kirche dort ist mir in den letzten Jahren wichtig geworden, mit ihr verbinden mich sehr tiefe Erfahrungen.

Ich wollte dort einfach nochmal »Dankeschön« sagen für dieses Geschenk des camino. Noch bei der Fahrt hatte ich gedacht: Schau mal, ob es irgendwann ein Konzert in dieser Kirche gibt, vielleicht klappt's ja, und du kannst hinfahren. Und im Schaukasten fand ich eine Vorankündigung für ein Konzert mit der Schola der Hedwigs-Kathedrale in Berlin, das mir gut paßte.

Als ich in die Kirche hineinging, gibt es eine erste Überraschung: Dort war eine Lichtobjekt-Ausstellung. Auf den Steinmauern in der dunklen Kirche wirken die Kunstwerke aus Licht faszinierend – und vermitteln mir ein ganz neues Bild von dem Raum, den ich so gut zu kennen meinte.

Und in zwanzig Minuten beginnt tatsächlich ein Konzert für Orgel und Querflöte. Ich bin vollkommen überrascht und freue mich – und als die ersten Töne der Orgel erklingen, die ich in dieser Kirche noch nie gehört habe, kommen mir wieder die Tränen.

Ich hatte »danke« sagen wollen in dieser Kirche – und werde wieder beschenkt. Ich hatte in der Stille beten wollen – und um mich herum ist es voll von Menschen. Ein kleines Mädchen turnt auf »meiner« Säule herum – und ich denk mir nur: Das paßt! Abschluß des camino in dieser Kirche, mit diesem Geschenk – und inmitten der Menschen – nicht allein und meditativ-versunken, sondern gerade so. Draußen platscht der Regen herunter, die Kirche birgt und schützt, und dann kommt doch die Sonne durch, scheint durch die Rosette, bricht sich das Licht in Farben …

Der camino hat seine Überraschungen – aber diese Kirche hat sie auch. Und es ist gut zu wissen, daß es all diese Überraschungen nicht nur in Nordspanien gibt, sondern auch hier im Elsaß und genausogut in Freimersheim, mitten in meinem Alltag.

Ich werde zunehmend sicherer: Lebendigkeit hat was mit Haltung und Einstellung zu tun – und der camino kann ein verdichtetes Einübungsfeld dafür sein: eine Sehnsucht in mir spüren, den Träumen trauen, ihnen Raum geben – und eine Chance. Die Sicherheiten aufgeben, loslassen, aufbrechen – auf sein Wort hin. Mich spüren im Unterwegs-Sein, an Grenzen kommen, mit ihnen leben lernen. Gipfelmomente des Seins, der Lebendigkeit – und doch nicht festhalten. Gott vertrauen – und mich selbst drum kümmern, wo die nächste Bar ist. Vor dem Neuen, Fremden und Anderen keine Angst haben, sondern mich riskieren und erfahren. Offen sein für das, was ich nicht erwartete – und das Berechnen sein lassen. Staunend bleiben, Ehrfurcht haben vor allem Lebendigen, danken können, nichts als selbstverständlich annehmen. Mich als geliebt zu erfahren – und mich in das Leben zu verlieben. Mich in Gott verlieren, um mich zu finden.

Der camino kann helfen, diesen Weg zum Leben zu lernen – aber wer auf dem camino dies gelernt hat, der weiß, daß die Sehnsucht über Santiago & Co. hinausreicht. Der camino geht weiter, mitten im Alltag. Und er muß dort seinen Ort finden und sich verweisen lassen auf etwas, das über all das hinausgeht.

»Wohl den Menschen, die Pilgerwege in ihrem Herzen tragen« (Ps 84,6 nach E. Zenger) – ihre Sehnsucht ist größer …

Heilige Nächte

Endlose Weite
in die ich mich
verlieren will
und kann

am dunklen Himmel
das Sternbild des Orion
Wolkenfetzen
vom Mond geheimnisvoll erhellt

Schnee blinkt
auf den Feldern
vom Dunkel
verzaubert

und ich
laß mich
berühren
und bin

rauh
karg
und herb
und doch voll Zartheit

bewegt
berührt
verletzbar
und stark zugleich

irgendwas
ist
anders
geworden

Advent 97

Wie dieses Buch entstanden ist …

Als ich während meiner sechswöchigen Pilgerwanderung Tagebuch geschrieben habe, habe ich es für mich geschrieben. Ich wollte meine Gedanken, die Impulse, die Begegnungen, Eindrücke von Land und Leuten für mich festhalten – auch als eine Form der Verarbeitung all der vielen Erfahrungen, die da unterwegs auf mich einströmten. Ich hatte damals schon daran gedacht, dieses Pilgertagebuch eventuell zu veröffentlichen – aber eine Entscheidung darüber wollte ich erst nach meiner Pilgerwanderung treffen. Mir war es wichtig, in diesen Tagen für mich zu schreiben – und nicht mit Blick auf eine Veröffentlichung.

Grundlage dieses Buches sind die Originaltagebücher, aber es ist nicht das Originaltagebuch. Und ganz ehrlich gesagt – nach meinem Weg nach Santiago weiß ich gar nicht mehr so richtig, ob es überhaupt »Original-Pilgertagebücher« gibt. Wenn man am Tag 25 oder gar 30 Kilometer geht, mit zehn Kilo Gepäck auf dem Rücken, bei brütender Sonnenhitze oder in peitschendem Regen, dann kann man am Abend gar nicht mehr druckreif schreiben – ganz zu schweigen davon, daß die vielen interessanten Begegnungen in den Refugios am Abend einem manchmal noch die letzten Schreibvorsätze durchkreuzen. Und so notiert man manchmal erst Stunden später, was man erlebt hat. Und damit filtert und deutet man es bereits, indem man auswählt, was man beschreibt und wie man es beschreibt – und indem das erste Nachdenken über das Erlebte schon in das Geschriebene hineinfließt.

Als ich in den Sommermonaten den »Originaltext« in den Computer übernommen habe, habe ich gemerkt, daß ich schon hie und da andere, bessere, griffigere Formulierungen genommen habe, als sie mir damals in Burgos oder Astorga eingefallen sind.

Sehr bewußt habe ich dann diese Aufzeichnungen ein halbes Jahr »ruhen« lassen.

Als schließlich die Entscheidung getroffen war, dieses Tagebuch zu veröffentlichen, stellten sich für mich drei Fragen:

1. Die Originaltagebuchaufzeichnungen sind zu umfangreich, um so veröffentlicht zu werden – und manche Passagen sind zwar für mich persönlich interessant, aber kaum für den Leser, die Leserin. Wie also dieses Tagebuch in eine lesbare Form bringen? Nach welchen Kriterien kürze ich?

2. In vielen der veröffentlichten »Pilgertagebücher« anderer Autoren und Autorinnen kann man viele Jahreszahlen und geschichtliche Gegebenheiten und Legenden um den Hl. Jakobus lesen, bei denen man relativ sicher sein kann, daß sie erst im nachhinein am Schreibtisch in den fortlaufenden Text eingefügt wurden, sicher mit der wohlwollenden Absicht, die Leser zu informieren – aber damit eben doch die Ebene des »Originaltagebuches« verlassend. Was will ich dem Originaltext hinzufügen, was muß ich hinzufügen, damit der Text auch für diejenigen verständlich bleibt, die nichts oder nur wenig vom »camino« wissen?

3. Und nicht zuletzt stehen in meinen Tagebüchern auch manche sehr persönliche Informationen und Begebenheiten, sowohl mich wie auch andere betreffend, die ich nicht veröffentlichen mag, will, kann und darf.

Nachdem einige Freunde das »Originaltagebuch« gelesen haben und wir miteinander über diese Fragen nachgedacht haben, ergaben sich einige Kriterien für die Überarbeitung des Textes.

Die durchgängige und für mich wichtigste Dimension meiner Aufzeichnungen ist die geistliche Dimension, meine Gedanken zu meinem Glauben, zu Gott, die Impulse aus Bibel, Stundenbuch und dem Buch von Jean Vanier »Heile, was zerbrochen ist«.

So bot es sich an, auch bei der Überarbeitung dieses Buches den Schwerpunkt auf das zu legen, was der »camino« für mich war – ein geistlicher Weg.

Beim näheren Hinschauen wurden, neben der durchgängigen geistlichen Dimension, bestimmte Abschnitte und damit »Überschriften« meines Weges deutlich. So war zum Beispiel auf der Strecke St.-Jean – Burgos »Grenzen überschreiten – Grenzen annehmen – Grenzen gestalten« ein wichtiges Thema für mich – oder es gab die Zeit der intensiveren Weggefährtenschaft mit anderen Pilgern. Diese verschiedenen »Etappen« habe ich als Kriterium genommen, die Tagebucheintragungen dieser Tage unter den entsprechenden Gesichtspunkten zu kürzen.

Darüber hinaus wollte ich dem Originaltext so wenig wie möglich im nachhinein hinzufügen. So mag die Rolle der Könige von Navarra für den »camino« ungeklärt bleiben, ich erzähle nicht, warum es in der Kirche von Santo Domingo zwei Hühner gibt – und welche Baustile in der Kathedrale zu Santiago zu entdecken sind. Wen es interessiert, für den gibt es genügend andere Literatur, um dies nachzulesen – und wer das Buch zur Hand nimmt, weil er oder sie selbst schon einmal auf dem »camino« unterwegs war, der hat all das eh schon zehnmal gelesen.

Dazu kam nicht zuletzt eine behutsame Anonymisierung oder auch ein Weglassen der Passagen, die zu persönlich sind, um in der Form veröffentlicht zu werden.

So ist dieses Buch ein »Geistliches Tagebuch« geworden, ein Buch über die Sehnsucht nach Gott, ein Tagebuch über ein

Stück gegangenen Weges in meinem Leben, betrachtet und erlebt aus meiner Sicht des Glaubens heraus – verbunden mit den »Alltagsepisoden« des Weges.

Mit diesem Buch möchte ich dazu Lust machen, im eigenen Leben aufzubrechen, sich auf die damit verbundenen Erfahrungen einzulassen und den Wegen zu trauen, weil man an ein Ziel glaubt.

Und wenn es den einen oder die andere dazu ermutigt, sich selbst auf solche Pilgerwege im eigenen Leben einzulassen, dann würde es die Veröffentlichung dieser doch sehr persönlichen Erlebnisse rechtfertigen.

Anmerkungen

Der Titel dieses Buches ist einem Zitat von Augustinus entnommen:

Das unruhige Herz ist die Wurzel der Pilgerschaft. Im Menschen lebt eine Sehnsucht, die ihn hinaustreibt aus dem Einerlei des Alltags und aus der Enge seiner gewohnten Umgebung. Immer lockt ihn das andere, das Fremde. Doch alles Neue, das er unterwegs sieht, kann ihn niemals ganz erfüllen.

Seine Sehnsucht ist größer. Im Grunde seines Herzens sucht er ruhelos den ganz Anderen, und alle Wege, zu denen der Mensch aufbricht, zeigen ihm an, daß sein ganzes Leben ein Weg ist, ein Pilgerweg zu Gott.

Ich habe dieses Zitat dem Rückentext des Buches »Wer aufbricht, kommt auch heim« von Peter Müller, Verlag am Eschbach, 1993, entnommen. Leider ist dort nicht vermerkt, aus welchem Werk von Augustinus dieses Zitat stammt.

Im Text dieses Buches sind alle Zitate kursiv gesetzt. Fehlt bei einem solchen Zitat die Quellenangabe, so handelt es sich um einen Textabschnitt aus dem Buch von Jean Vanier, »Heile, was gebrochen ist«, Herder Verlag, 2. Auflage 1991. Dieses Buch ist beim Verlag leider vergriffen. Die Zitate aus der Bibel sind nach der Einheitsübersetzung zitiert bzw. entsprechend nach dem »Kleinen Stundenbuch im Jahreskreis«.

Wörter, die in diesem Pilgertagebuch auftauchen:

Refugios sind, in aller Regel einfache, Pilgerherbergen entlang des Weges nach Santiago, die von Pfarr- oder Ortsgemeinden oder einem Santiago-Freundeskreis unterstützt und unterhalten werden. Dort ist für den Pilger, der sich mit einem Pilgerausweis legitimieren kann, für eine Nacht eine preiswerte oder gar kostenlose Unterkunft möglich. Vom Standard her entsprechen sie in etwa Jugendherbergen, eher etwas einfacher.

Hostals sind eine einfache Hotelkategorie, die aber durchaus sehr in Ordnung ist. Eine Liste der Hostals entlang des caminos kann man gegen eine Spende von der Deutschen Jakobus-Gesellschaft bekommen (Adressen siehe Literaturhinweise).

In Spanien ist eine *bar* nichts »Anrüchiges«, sondern dort nennt man schlicht und ergreifend jede Gaststätte so, in der man einen Kaffee oder ein Glas Wein bekommen kann. Ein *supermercado* ist ein ganz normaler Supermarkt. Und der Ausdruck *magic money machine* für einen Geldautomaten wurde von David geprägt – und den Begriff finde ich so passend, daß ich ihn nicht durch das blasse deutsche Wort ersetzen wollte.

Wanderführer:

Millán Bravo Lozano, Praktischer Pilgerführer – Der Jakobsweg
Editorial Everest, 2. Auflage 1995

Das Buch ist sicher der Klassiker unter den neueren Pilgerführern. Es ist sehr informativ mit vielen wichtigen Angaben, sehr guten Karten, vielen ausführlichen kunsthistorischen Anmerkungen. Außerdem enthält es Strecken- und Höhenprofile für Radfahrer, die aber auch für Fußpilger ausgesprochen hilfreich sein können. Allerdings ist es ziemlich schwer und von der Größe her unpraktisch, und was die Refugios angeht, nicht unbedingt auf neuestem Stand. Empfehlenswert zur Vor- oder Nachbereitung, weniger zum Mitnehmen.

Michael Kasper, Jakobsweg
Outdoor-Handbuch Bd. 23, Conrad Stein Verlag, Kronshagen

Aus meiner Sicht derzeit der empfehlenswerteste Wegführer für den camino. Von Größe und Gewicht paßt er gut in die Außentasche einer Trekkinghose, so daß man ihn beim Pilgern immer schnell bei der Hand hat. Er liefert fast durchweg sehr solide Informationen über den Streckenverlauf, Einkaufsmöglichkeiten, Bars, Refugios und vielen praktischen Hinweisen. Die kunsthistorischen Erklärungen beschränken sich auf ein Maß, das nach 25 km Fußmarsch noch »verkraftbar« ist. Diesen Wanderführer kann man auch Freunden oder Verwandten in die Hand drücken, die zu Hause den Pilgerweg in Gedanken mitgehen wollen.

Persönliche Pilgerberichte:

Paul Hüster, 40 Tage weit
Georgs-Verlag Neuss, 1997
Paul Hüster hatte mir seine Erlebnisse vom camino bald nach seiner Rückkehr erzählt – und das, was er erzählte, war wohl für mich der letzte Anstoß, den Weg nach Santiago endlich konkret zu planen. In diesem Buch veröffentlicht er seine Erfahrungen, als Priester auf diesem alten Pilgerweg unterwegs zu sein. Es ist ein Buch, das Lust dazu macht, sich unter geistlichen Gesichtspunkten auf den Weg zu machen.

Carmen Rohrbach, Jakobsweg – Wandern auf dem Himmelspfad
Taschenbuchausgabe, Goldmann Verlag, Nr. 12520, 1995
Ein sehr lesenswertes Buch für alle, die sich für den Jakobsweg interessieren. Es enthält zum einen sehr viele solide Informationen über den Weg, zum anderen ist es ein spannend geschriebener Reisebericht, der viel Lust zum Aufbrechen macht. Allerdings ist die Autorin über weite Strecken »alternativ« unterwegs mit zum Teil abweichender Streckenführung und zahlreichen Übernachtungen im Freien.

Hans Michael Schulz, Fernwechsel
Verlag Manfred Zentgraf, 1997
Das Tagebuch eines Arztes, der von Nordhorn im Westfälischen in 17 Wochen 3.500 km nach Santiago gegangen ist. Das Buch vermittelt lebendige Eindrücke dieser langen Pilgerreise. Seinen besonderen Reiz bekommt es dadurch, daß der Autor immer zu festen Uhrzeiten das Wegstück, auf dem er sich gerade befand, fotografiert hat. Diese Fotos dokumentieren den Weg, so wie er sich wirklich gibt.

Bücher zum Thema Pilgern allgemein:

Traute und Hermann Multhaupt
Auf dem Weg nach Hause – Ein Pilgerbrevier
Bergmoser + Höller Verlag
Ein kleines Bändchen zum Thema » Pilgern« allgemein mit vielen guten und anregenden Texten, Gedanken und Gebeten. Es ist eine Fund-

grube für diejenigen, die eine Wallfahrt z. B. für eine Gruppe vorbereiten und durch das kleine und handliche Format läßt es sich auch gut auf die Wanderung mitnehmen.

Margarete Niggemeyer (Hrsg.),
Schritte werden Weg – ein Pilgertagebuch
Reimund Maier Verlag, 1996
Dieses Bändchen versteht sich als geistlicher Begleiter auf dem Jakobusweg, enthält aber zahlreiche schöne Texte und Gebete auch zum Pilgern allgemein. Um es als Fußpilger mit auf den Weg zu nehmen, finde ich es ein bißchen zu schwer, und die leeren Seiten, die für das Pilgertagebuch vorgesehen sind, eher ärgerlich – aber es kann ein guter Begleiter für Bus- und Autopilger sein sowie zur inneren Vorbereitung auf den Weg dienen.

Peter Müller, Wer aufbricht, kommt auch heim –
Vom Unterwegs-Sein auf dem Jakobsweg
Verlag am Eschbach
Ebenfalls als spiritueller Wegbegleiter versteht sich dieses Buch, das bewußt die Gruppen der Buspilger in den Blick nimmt und in 14 Tagesetappen nach Santiago führen will. Auch dieses Buch ist eine Fundgrube von Texten zum Thema »Weg« und »Pilgern« und kann zur geistlichen Vorbereitung dienen.

Eine umfassende Literaturliste zum Jakobusweg ist erhältlich bei Verlag und Versandbuchhandlung Manfred Zentgraf, »Der Spezialist für den Jakobuspilger«, In den Böden 38, 97332 Volkach/Main. Dort können auch alle Bücher bestellt werden.

Nähere Informationen über den Jakobusweg bekommt man bei:

Deutsche St.-Jakobus Gesellschaft e.V.,
Harscampstr. 20, 52062 Aachen

Fränkische St. Jakobus-Gesellschaft e.V.,
Keesburgstr. 1, 97074 Würzburg
Tel.: 0931/797260 u. 76494,
Fax.: 0931/7972614

Titel der Originalausgabe: Die Sehnsucht ist größer

ISBN 3-451-28404-9

www.herder.de
Umschlaggestaltung und -konzeption:
R·M·E München / Roland Eschlbeck, Liana Tuchel
Umschlagmotiv: Road to Santiago, Burgos (Spain) © Mauritius
Foto der Autorin: © Martin Neudörfer
Herstellung: fgb · freiburger graphische betriebe
www.fgb.de
Gedruckt auf umweltfreundlichem,
chlorfrei gebleichtem Papier
Printed in Germany
ISBN 978-3-451-05756-4

Bücher von Andrea Schwarz

Und jeden Tag mehr leben · Ein Jahreslesebuch

400 Seiten, gebunden in Halbleinen – ISBN 3-451-28228-3
Ein gutes Wort für jeden Tag: Die Texte von Andrea Schwarz machen Mut, dem eigenen Leben Zeit und Aufmerksamkeit zu schenken. Auf persönliche Weise bringen sie den Glauben als eine Einladung nahe, eigene Schritte ins Leben zu wagen, damit aus Zeit Leben wird.

Wie ein Gebet sei mein Leben · Exerzitien im Alltag

144 Seiten, Paperback – ISBN 3-451-27868-5
Das Buch regt dazu an, sich über einen Zeitraum von fünf Wochen täglich so genannte »stille Zeiten« des Innehaltens zu schaffen. Das Beten in seinen vielfältigen Aspekten steht dabei im Mittelpunkt: Beten ist hoffen, hinschauen, fragen, suchen, träumen und vieles mehr, was sich in diesen Exerzitien entdecken lässt.

Ich mag Gänseblümchen · Unaufdringliche Gedanken

96 Seiten, Halbleinen – ISBN 3-451-27364-0
Der absolute Bestseller von Andrea Schwarz. Das Geheimnis dieser kurzen, einfachen Texte ist das Gänseblümchen: Aus dem Alltag heraus und für den Alltag schreibt die Erfolgsautorin unaufdringliche Gedanken, die zu lesen oder zu hören einfach gut tut.

Mich zart berühren lassen von Dir · Ein Hohes Lied der Liebe

96 Seiten, Halbleinen – ISBN 3-451-26961-9
Über Poesie findet Andrea Schwarz einen neuen, spirituellen Zugang zum Hohen Lied. Einfühlsame Texte, durch die Leserinnen und Leser sehr persönlich angesprochen werden.

Erhältlich in jeder Buchhandlung!

HERDER